AF495162

GEORGES DE GIBEL

Membre de la Société Nationale

d'Encouragement au Bien.

Histoire

DE

Tonneins

IMPRIMERIE GEORGES FERRIER ET CIE — TONNEINS.

1922

LISTE DES PREMIERS SOUSCRIPTEURS

A

L'HISTOIRE DE TONNEINS

MM.

Marcel Prévost, de l'Académie française, Paris.
Docteur Monteilh, Tonneins.
Madame la Baronne de Gervain, Verteuil d'Agenais.
Madame Marie Girou, rue de Lescure, Tonneins.
Olivier Laffargue, rue des Bastions, Tonneins.
Duffour chef de Section à la manufacture des tabacs, Tonneins.
Rives, employé à la manufacture des tabacs, Tonneins
Léo Mouret, typographe, Tonneins.
Cloux, limonadier, Mas d'Agenais, Lot-et-Garonne.
Bié, V. Instituteur honoraire, Castillonnès, Lot-et-Garonne.
Mazannau, Tonneins.
Abbé Teysséré, curé à Lafitte, Lot-et-Garonne.
Elie Domingie, Tonneins.
Lafaye, épicier, Tonneins.
Coulé, huissier, Tonneins.
Burgaud, hôtel du Nord, Tonneins.

Tiburce Deltrieu, Tonneins.
Marcel Renaud, rue de la Gourgue, Tonneins.
René Bartou, Boulevard de la gare, Tonneins.
Général de Labruyère, rue de la Terrasse, 4, Paris.
Mademoiselle Catherine Lacoste, Gontaud, Lot-et-Garonne.
Docteur Doche, Tonneins.
Lavergne, pâtissier, Tonneins.
Dauriac, cordier, à la Poulaillère, Tonneins.
Rigal, rue Neuve, Tonneins.
Marcel Giraudel, route de Toulouse, Tonneins.
A. Desbordieux, drapier, rue St-Pierre, Tonneins
Mademoiselle Bourdos Zélie, allées Dauphine, Tonneins.
Madame Vidal Geneste Elisabeth, Boulevard Carnot, Tonneins.
Drouill t, drapier, Tonneins.
Mouliné, premier Caissier à la Société Générale, Tonneins.
Buisson Henri, directeur de la Société Générale, Tonneins.
Oriol, employé à la manufacture des tabacs, Tonneins.
Madame Amélie P.ujade-Ducourreau, Tonneins.
Madame Elodie Longechal, quai de la Barre, Tonneins.
Abbé Maurel, curé-archiprêtre de Marmande, Lot-et-Garonne.
Mademoiselle Eugénie Dumont, Tonneins.
Abbé Magot, curé à La Bastide Saint-Sernin, Monflanquin.
Charles Jugie, épicier, rue Gambetta, Tonneins.
Madame Noélie Jugie, Boulevard de la Poulaillère, Tonneins.

Jean, comptable, coopérative des tabacs, Tonneins.
Lucien Bernet, employé à la manufacture des tabacs Tonneins.
Madame Adelaïde Dané, Tonneins.
Ernest Doumergue, directeur de l'usine à gaz, Tonneins.
Charles Couzi, propriétaire, Saint-Germain, Tonneins.
Jules Bayle, forgeron, Tonneins.
Cantagreil, maréchal des logis de Gendarmerie, Tonneins.
Râmes Arsène, gendarme, Tonneins.
Rollet Alexis, coiffeur, Tonneins.
Caillheton, notaire, Tonneins.
Olivier Tuffereau, épicier, Tonneins.
Calonge, pharmacien, Tonneins.
Madame Anna Laffargue, femme de lettres, Tonneins.
Faget, propriétaire, à la Passerelle, Tonneins.
Madame Cauboue, chez M. Fournié, Boulevard de la Gardolle, Tonneins.
Joseph Geneste, cordier, rue des Bastions, Tonneins.
Bourgeois, boucher, rue Saint-Pierre, Tonneins.
R aup, octroi du pont de Germillac, Tonneins.
Mademoiselle Bonis, employée des postes, Tonneins.
Pierre Kopf, chef de musique, Tonneins.
Docteur Villatte, Tonneins.
Maloche, marchand de chaussures, Tonneins.
Albigés, Tonneins.
Canivette, Tonneins.
Jucla père, cordonnier, rue des Bastions, Tonneins.
Ernest Corsan, rue des Cazalies, Tonneins.
Balis, maire de Varès, par Tonneins.
Gaston Corsan, épicier, Tonneins.

Moizan Antoinette, à la Poulaillère, Tonneins.
Delzolliès, industriel, Tonneins.
Auguste Badie, à Crugut, par Tonneins.
Renon, employé à la manufacture des tabacs, Tonneins.
Massip, employé à la manufacture des tabacs, Tonneins.
Berbineau, directeur du Syndicat agricole, Marmande.
Madame Louisa Chaumont, Boulevard Saint-Pierre Tonneins.
Alfred Champon, cours Gravissat, Tonneins.
Amblard, château de Lafon, Nicole, Lot-et-Garonne.
Mademoiselle Paulette Condon, rue de Moscou, 6, Bordeaux.
Marcel Lamarque, menuisier, rue des Bastions, Tonneins.
Maurice Réau, négociant, rue Neyranne, Tonneins.
René Corsan, rue Cazalies, Tonneins.
Douézan, pharmacien, Tonneins.
Fournol, fils Tonneins.
Guy d'Adhémar, château de Lacase, Aiguillon, Lot-et-Garonne.
Albert Rigal, boucher, Tonneins.
Chalifour, peintre, Tonneins.
Emile Boule, homme de lettres, Tonneins.
Jean Avilla, coiffeur, Tonneins.
Cornélis de Witt, rue Alfred de Vigny, Paris.
Jean, employé à la manufacture des tabacs, Tonneins.
Pasteur H. I. Messines, aumônier à Saint-Cyr, Seine-et-Oise.
Anonyme, quartier de Cuges, Tonneins.

Abel Lamarque, rue des Vignes, Tonneins.
Carsac, château de Lajaunie, Tonneins.
Deltreil, épicier, Tonneins.
Raymond Mansencal, coiffeur, Tonneins.
Madame Coudroi, rue de la Gare, Tonneins.
Mademoiselle Mauricia Chamineau, Tonneins.
Ferranti, pharmacien, Tonneins.
Daniel Girou, photographe, Tonneins.
Berthomieu, agent d'affaires Tonneins.
Layrac fils, rue Neyranne, Tonneins.
Abbé Duzort, curé-archiprêtre de Notre-Dame, Tonneins.
Marceau Dauzon, aux Berbils, près Jusix, Lot-et-Garonne.
Cabannes, Tonneins.
Lalaude, Tonneins.
Duffau, Tonneins.
Mademoiselle Marguerite Daron, Tonneins.
Abbé Borredon, vicaire à Notre-Dame, Tonneins.
Madame Veuve Trémoux, Tonneins.
Justin Dunogués, Grand'Rue, Castillonnès, Lot-et-Garonne.
Labé Gérard, Tonneins.
Goirand, contre-maître à la manufacture des tabacs, Tonneins.
R. Larrival, denrées coloniales, Casteljaloux, Lot-et-Garonne.
Madame Suzanne Massip, Tonneins.
Madame Veuve Bère, Tonneins.
Lormand, Tonneins.
Abbé Darles, curé de Saint-Pierre, Tonneins.
Abert, Société Générale, Tonneins.
Teyteau Pierre, à Larrard, Tonneins.
Daron, boulanger, Tonneins.

Gontier Davy, à Cannes, Alpes-Maritimes.
Abbé Tholes, Tonneins.
Mademoiselle Guinlot, Tonneins.
Madame Veuve Nelly Berguin, Tonneins.
Baillet, Tonneins.
Madame Lavergne, chapellerie, Tonneins.
Lacoste, gérant du Syndicat Agricole, Tonneins.
Lacombe, Tonneins.
Rouffanche, sous-ingénieur, manufacture des tabacs, Tonneins.
Madame Marie Bibès, Tonneins.
Monseau, commerçant, Tonneins.
Bonis, comptable, Tonneins.
Gerbeau, forgeron, Fauillet par Tonneins.
Dulau, pharmacien, Casteljaloux, Lot-et-Garonne.
Vincent boulanger, Tonneins.
Tremblet, employé à la manufacture des tabacs, Tonneins.
Bernège, pensionnaire Hospice de Clairac, Lot-et-Garonne.
Delpuch, au Créau, par Tonneins.
Lavergne entrepreneur, Tonneins.
Mademoiselle Odette Fulchic, Tonneins.
Descomps, maire de Nicole, Lot-et-Garonne.
Rigail, agent d'affaires, Tonneins.
Labonne, employé de chemins de fer, Germillac, Tonneins.
Godeneau, employé à la manufacture des tabacs, Tonneins.
Dégals château de Lagarde, par Tonneins.
Lambert, horloger, Tonneins.
Cance, rue Carnot, 110, Stains, Seine.
Jousseaume Armand, aux Roux Commune de Saint-Gayrand par Tonneins.

Martin, à Fauillet, par Tonneins.
Edouard Roumat, maire de Saint-Pierre de Nogaret, Lot-et-Garonne.
Binet Marthe, Tonneins.
Ducasse, à Monheurt, Lot-et-Garonne.
Vixxe, à Tonneins.
Valantin, à Tonneins.
Cubaynes marchand-tailleur, Tonneins.
Renaud, Tonneins.
Vicomte de Gissac, château de Suriray, Tonneins.
Hublot, industriel, Tonneins.
Madame Chapoulie, ex-institutrice, Philippeville, Algérie.
Gaston Lavergne, instituteur, Oran, Algérie.
Lalaude industriel, Tonneins.
Brignol, Tonneins.
Vamarut François, Tonneins.
Lanusse, Tonneins,
Feytis Edouard, Tonneins.
Madame Lac, Tonneins.
Londès, rentier, Tonneins.
Loubet, notaire, Tonneins.
Madame Pilongery, à Orléans, Loiret.
Madame Rousset Lalande, Tonneins.
Madame Louis Arnoux, San-Francisco, Amérique du Nord.
Belly, à Lafitte, Lot-et-Garonne.
Duclos, rue de la Comédie, Tonneins.
Madame Charlot, rue corderies-Montagnes, Tonneins.
Galtier, à Pourret par Castelmoron, Lot-et-Garonne.
Gache Pierre, à Bellevue, Tonneins.
Campagne Jean, à Lagruère, par le Mas d'Agenais.

Suspuy de Bérail, Boulevard Chave, Marseille, Bouches-du-Rhône.

Elie Vidal, horloger, Casteljaloux, Lot-et-Garonne.

Teyssier Jean, à Pellet, par Tonneins.

A. Salles, abbaye de Saint-Waudrille, Conques par Herbemont Belgique.

Duffau, à Lagruère par le Mas d'Agenais.

Arpheil Paul, à Tonneins.

Chabrier, à Pillerés, Meurthe-et-Moselle.

Abbé Fourès, directeur de l'école Saint-Jean, Tonneins.

Madame Fournier receveuse des Postes, télégraphes et téléphone, à Bauvais sur Martha Charente-Inférieure.

Madame Gay, rue Neuve, Tonneins.

Madame Tizon, Tonneins.

Madame Bonneau Tonneins.

Ch. Plataux, chef d'atelier à la Manufacture des Tabacs, à Tonneins.

HISTOIRE DE TONNEINS

GEORGES DE GIBEL

Membre de la Société Nationale d'Encouragement au Bien.

Histoire de Tonneins

IMPRIMERIE GEORGES FERRIER ET CIE — TONNEINS.

1922

BIOGRAPHIE DE L'AUTEUR

Georges de Gibel descend d'une famille noble de l'Agenais, mais ruinée.

Né à Tonneins le 7 septembre 1860, il fut mis de bonne heure à l'école, mais ses parents, très pauvres, furent obligés d'interrompre ses études et de le mettre à la corderie pour qu'il pût aider aux besoins de la famille. Néanmoins, l'enfant continuait d'étudier, le soir, sous la surveillance d'un voisin bénévole.

Plus tard, il fut mis en apprentissage chez un coiffeur et, devenu ouvrier, il alla à Bordeaux. Là, des leçons classiques lui furent données par un professeur du lycée de cette ville. Mais, le salaire qu'il gagnait était fort réduit, après le paiement des cachets dus au professeur.

Enfin revenu à Tonneins, il s'établit pour son compte. L'amour des sciences le tenaillant toujours, il prit des professeurs pour continuer ses études, des prêtres, des pasteurs, et même des laïques. Georges de Gibel étudia tour à tour l'antiquité grecque, romaine, la Renaissance littéraire et, enfin, la philosophie ancienne, moderne et contemporaine. Il voulait qu'aucun auteur ne lui fût inconnu. Travailleur tenace et infatigable, épris passionnément de l'art, il s'étiolait sur les livres et au détriment de sa vue.

Marié avec une de ses cousines, pauvre comme lui, Catherine Rosset-de Bérail, il chercha une situation en rapport avec ses goûts littéraires. Il entra comme collaborateur littéraire dans la rédaction de divers journaux quotidiens qui chûtèrent, et trois fois, Georges de Gibel fut obligé de reprendre sa profession de coiffeur pour subvenir aux besoins de sa femme et de ses enfants en bas âge. Encore aujourd'hui, il est agent général d'une maison de commerce. Mais il poursuit toujours ses études, à un âge où il aurait droit au repos. Et s'il est parvenu quelque peu à s'échapper de l'obscurité qui environne parfois toute sa vie un poète pauvre, c'est grâce à cette ténacité dans l'amour des Belles Lettres.

Il est le fils de ses œuvres, peut-on dire.

Georges de Gibel a publié des poésies remarquables, soit dans des journaux, dans des plaquettes, soit encore dans « La Région », magazine illustré de Toulouse. Et voici ce que lui disait le Directeur de cette Revue Littéraire :

« L'accent de vos vers m'a souvent frappé. Ils ont l'harmonie et la sonorité que je trouve dans les belles élégies de Lamartine. — Maurice Simard. » Ou encore l'autographe d'un académicien, sur une poésie intitulée « Aux Morts » de la Grande Guerre : « La sublimité de vos vers émouvants m'a charmé. Je vous félicite vivement des admirables sentiments patriotiques contenus dans votre poésie. — Marcel Prévôt. »

Non seulement Georges de Gibel a publié des

poésies, mais encore il a écrit des pièces de théâtre et des romans. Malheureusement, ses moyens de fortune ne lui permettent point, sans protecteurs, de faire représenter ses œuvres théâtrales ni de faire éditer ses romans. On sait toutes les difficultés que doit vaincre un littérateur pauvre s'il veut sortir de l'obscurité qui l'environne. Et pourtant, *Calvaire d'un ange*, drame en 5 actes, mériterait d'être représenté sur une scène française pour les beaux sentiments d'amour filial qu'il contient, et qui atteignent au sublime!

L'ÉDITEUR.

INTRODUCTION

Peu de villes ont été le théâtre de grands et tragiques événements comme Tonneins et, cependant, Tonneins n'avait pas, à proprement parler, son histoire écrite.

MM Lagarde, père et fils, avaient bien publié, dans le cours du XIXe siècle, leurs Recherches Historiques sur la ville de Tonneins. *Mais là se bornait tout ce que nous pouvions savoir sur le passé de notre charmante et agréable petite cité.*

Ces connaissances étaient fort incomplètes. Beaucoup de faits nous restaient inconnus encore. MM. Lagarde eux-mêmes semblent les ignorer dans leurs Recherches Historiques. *D'ailleurs, l'ouvrage qu'ils nous ont laissé est plutôt une laborieuse compilation, puisée dans des monographies, qu'une histoire proprement dite.*

Est-ce les matériaux qui leur ont manqué ?

C'est possible après tout. De grands cataclysmes ont bouleversé, et plusieurs fois, notre chère ville dans le cours des siècles écoulés. Par conséquent, il leur fut peut-être impossible de se procurer ces matériaux, pourtant si nécessaires à un historien.

Quoi qu'il en soit, MM. Lagarde méritent nos éloges et notre reconnaissance pour avoir ébauché un travail qui pourra nous servir dans le cours de notre ouvrage.

Ce qui nous a frappé surtout, en compulsant leurs Recherches Historiques, *c'est l'époque où ils placent la fondation de Tonneins. Selon eux, Tonneins n'existerait que depuis le Ve siècle et auquel son fondateur aurait donné son nom.*

C'est là une erreur ou une méconnaissance historique. Tonneins, ou plus exactement, une ville portant un autre nom, il est vrai, existait bien antérieurement à cette époque sur l'emplacement où repose actuellement notre cité.

Cette ville, qui remontait à la plus haute antiquité, portait un nom en rapport avec la structure et la configuration du terrain où elle était assise. Une peuplade, qui formait une sorte de clan et qui descendait directement des Nitiobriges, l'habitait et y vivait comme vivaient les peuples d'alors, plutôt mal. Ce clan était gou-

verné par un chef qui devait veiller à la sécurité de ceux sur qui il commandait. Il avait un droit sur eux, presque absolu, limité seulement par certaines traditions libérales, que nous appelons aujourd'hui franchises municipales.

Ce chef avait souvent à défendre ses sujets contre des tribus voisines, et, plus tard, surtout, contre l'invasion de peuplades étrangères. Mais un jour, trop faible, il succomba sous le choc d'un ennemi puissant. La conquête romaine l'emporta dans les ruines de son petit royaume.

Ne datant la fondation de Tonneins que du Ve siècle, MM. Lagarde ne pouvaient, non plus, parler des religions primitives qui se pratiquaient du temps de ces peuples anciens. Le fétichisme, le polythéisme druidique, le paganisme romain, avaient, à cette époque, disparu devant le christianisme qui venait d'apporter une aurore de liberté au monde pliant sous un esclavage honteux et la fraternité entre les hommes qui descendent tous d'un même père.

Les traditions poétiques des anciens bardes qui, par leurs chants, enflammaient les héros sur les champs de bataille, l'ère des Troubadours qui ont porté leurs enthousiasmes et jeté leurs cris d'amour dans tous les châteaux des environs et se sont fait admirer des belles dames, l'avènement de ces jongleurs, *poètes* populaires, *qui allaient égayer sur les places publiques, dans leur langage vulgaire, les pauvres et les malheureux dont le dos s'était voûté en défrichant les sillons de maîtres souvent un peu trop cruels et barbares. Nous ne trouvons rien de tout cela dans les* Recherches Historiques *de MM. Lagarde. Ni même l'architecture élancée, la gravure et la peinture naissantes du Moyen-âge, les corps de métier, les corporations qui étaient une garantie pour l'ouvrier, la brillante prospérité de Tonneins avant la tyrannie funeste de Jouan le Jeune et de ses acolytes Dubois et consorts, qui apportèrent la désolation, la terreur et la ruine dans notre ville, auparavant si florissante.*

C'est pour combler toutes ces lacunes, involontaires, sans doute, de la part de MM. Lagarde, que nous avons décidé d'écrire l'histoire de Tonneins, cette cité qui palpite au murmure grisant de notre belle Garonne, et à la transparence d'un ciel si harmonieux et si poétique !

Pour entreprendre un tel travail, il nous était évidemment nécessaire de nous procurer les matériaux et les documents qui pussent nous faciliter cette tâche. Nous avons cru avoir réuni entre nos mains ces éléments indispensables pour mener à bien notre entreprise.

Nous pensons avoir réussi à donner une histoire contenant tous les événements des temps passés, instructive et intéressante, surtout, portant la marque de la plus absolue impartialité.

Aujourd'hui, cette entreprise est réalisée. Nous la soumettons au jugement du public qui appréciera si nous nous sommes montré à la hauteur d'une telle tâche. Mais si nous avons été au-dessous d'un travail qui dépassait nos forces, si nous avons laissé dans l'ombre certains faits, certains événements inconnus de nous, du moins, l'ouvrage que nous offrons à nos lecteurs pourra peut-être servir un jour à ceux qui, plus heureux que nous, auront le bonheur de le compléter par des connaissances qui nous ont fait défaut à nous-même.

L'AUTEUR.

HISTOIRE DE TONNEINS

HISTOIRE DE TONNEINS

Opinions de divers auteurs

Les auteurs ne sont guère d'accord sur l'origine des peuples qui ont occupé primitivement les villes de l'Agenais avant la conquête romaine.

Labenazie ayant trouvé un mémoire dans les archives de Lauzun, nous rapporte, d'après ce mémoire, extrait d'un cahier qui s'est perdu, dit-il, que les Nitiobriges datent d'une époque plus ancienne que celle qu'on leur a attribuée jusqu'à présent.

Ce mémoire les fait remonter à un Caumont, qui avait suivi Hérule en Espagne vers l'an 1227 avant Jésus-Christ. Ce Caumont vint sur les bords de la Garonne 50 ans avant la guerre de Troie et y fonda l'Aquitaine.

Ce sont les Caumont qui bâtirent plusieurs villes dont les peuplades s'appelaient *Garites* et *Nitiobrigiennes*.

C'est là une erreur qu'on ne peut laisser s'accréditer dans le public. L'Aquitaine ne date que des Ibères qui lui donnèrent ce nom. (V. Canet, Histoire de France).

Pour certains historiens, les Nitiobriges tirent leur nom du Dieu de la Nuit, soi-disant, parce que le culte que les Gaulois rendaient à ce Dieu était conforme à la religion des druides, leurs prêtres.

Nous ferons remarquer qu'avant le polythéisme des druides, le fétichisme se pratiquait sur le territoire de l'Agenais, comme étant la religion de tous les peuples des temps les plus reculés.

Des auteurs nomment Cadmus qui, n'ayant pas trouvé sa sœur Europe qu'il cherchait sur l'ordre de son père, vint dans l'Agenais y fonder des établissements.

D'autres, citent Agennor comme fondateur d'Agen où vécurent les Nitiobriges.

D'Arnaud, dans ses *Antiquités*, combat cette tradition.

Pour lui, l'origine d'Agen et des Nitiobriges remonte plus avant dans les temps qui ont précédé la dispersion des Troyens.

Enfin, plusieurs ont placé Nitiobrigus à l'origine de la tribu qu'il commandait et à laquelle il donna son nom.

Nous tenons cette dernière donnée comme la plus conforme à la réalité.

En effet, un intime rapport unit le nom du fondateur à celui des sujets.

D'ailleurs, certains documents laissent pressentir le fait comme se rapprochant le plus de la vérité.

Nous avons fouillé dans les archives publiques et privées. Beaucoup de personnes détiennent des manuscrits inédits qui pourraient faciliter la tâche d'un historien local. Mais, quelques-unes de ces personnes gardent jalousement par devers elles ces manuscrits ; d'autres craignent qu'on ne parle de leur individualité !

Cependant, la plupart de ceux qui possèdent quelque chose sur l'histoire de notre ville se sont montrés assez bienveillants et nous ont soumis des écrits anciens qui nous ont paru contenir des faits n'ayant rien de la fable, et que nous croyons possibles. Nous les croyons possibles parce que nous avons été frappé de la conformité des choses avec le nom qu'elles portaient.

Nous allons les soumettre à nos lecteurs tels que nous avons pu les déchiffrer dans leur ordre chronologique.

Du reste, bien rares sont ceux de nos compatriotes qui ne croient point à l'existence d'une ville antérieure à l'époque romaine et par conséquent à la venue de Ferréolus. MM. Lagarde eux-mêmes le supposent, mais ils n'osent l'affirmer, faute de preuves certaines.

Seulement, si Ferréol jeta les yeux sur le territoire où il bâtit Tonneins, c'est qu'il avait dû, probablement, y remarquer les ruines d'une ancienne ville et les débris d'une antique peuplade.

D'ailleurs, il faut croire que, tôt ou tard, la vérité sur l'histoire de notre ville sortira des voiles ténébreux qui l'ont enveloppée jusqu'à présent.

Fondation d'une cité nitiobrigienne antérieure à Tonneins

L'histoire de Tonneins ou, plus exactement, l'histoire du peuple qui habite aujourd'hui sur le territoire de la commune de Tonneins, ne date pas d'hier. Elle remonte aux temps les plus reculés. Son origine part des Nitiobriges avec lesquels il a des liens de parenté :

Voici comment :

Japhet, fils de Noé, envahit l'Europe avec

sa famille. L'un de ses sept fils, Nitiobrigus, vint s'établir sur la rive droite de la Garonne où il fonda l'établissement des Nitiobriges.

Bien plus tard, le territoire, sur lequel reposait cet établissement, prit le nom d'Agenais du nom du fondateur d'Agen, Agennot ou Agenor, fils d'Anténor, l'un des défenseurs de la malheureuse Troie et lequel, après la destruction de cette ville par les Grecs, vint aborder en Italie.

Mais la tribu des Nitiobriges conserva son nom jusqu'à la conquête romaine, époque où son roi, Teutomar, ayant suivi les légions de Vercingétorix, dont il avait embrassé la cause, fut vaincu à Alésia, et perdit son royaume.

Elle fit partie, dès lors, de la 11e Aquitaine, dont Agen était la principale ville après Bordeaux, sa capitale, et qui s'étendait jadis, jusqu'au Poitou, le Périgord, le Bazadais et le Condomois.

Depuis cette époque, on désignait cette tribu, tantôt sous la dénomination de Nitiobrige, tantôt sous celle d'Agenais.

Plus tard, l'unité française s'étant accomplie, le nom de Nitiobrige disparut pour faire place à celui de Français.

Seul, celui d'Agenais resta dans le sens d'une désignation particulière.

Quelque temps après l'établissement des Nitiobriges sur le territoire appelé aujourd'hui Agen, une fraction de ces peuples primitifs descendant le cours de la Garonne, s'arrêta sur un emplacement de la rive droite du fleuve, et dont la situation, la structure et la configuration du terrain, lui laissèrent pressentir les sérieux avantages d'une position des plus favorables pour la défense de son établissement et pour la facilité de se procurer les choses si nécessaires à l'existence de chaque jour, poissons, gibier, le pays étant arrosé par de nombreux cours d'eau et couvert de forêts et de bois.

Le chef Silocius, qui commandait ce petit peuple, appela cet emplacement *Roccus*, sans doute parce que ce nom avait beaucoup de rapport avec la structure du terrain.

Plusieurs siècles plus tard, Tonneins devait occuper l'emplacement qu'avaient choisi ces anciens Nitiobriges.

Les rochers sur lesquels Tonneins est bâti étaient, en effet, à cette époque d'armements primitifs, un point stratégique des mieux choisis pour repousser les attaques d'un ennemi qui menacerait la sécurité d'une population.

La Garonne pouvait aussi servir à souhait soit pour le ravitaillement, soit, au besoin, pour la fuite.

D'un autre côté, en amont et en aval du fleuve, il y avait de nombreux marécages qui pouvaient favoriser avantageusement la population d'une telle ville, pour y pousser l'ennemi dans une contre attaque heureuse et bien conduite.

L'intelligence du chef devait être toujours en éveil, à cette époque où il fallait se défendre constamment contre les belliqueuses tribus du voisinage, et contre les bêtes féroces qui peuplaient les forêts et les bois des environs.

Bientôt des huttes, ayant un orifice au sommet pour laisser échapper la fumée quand on allumait du feu, s'élevèrent sur ces rochers.

Certains membres de la tribu se creusèrent des grottes dans les rocs, pour s'y loger, d'autres au flanc des tertres et des tumulus, comme ceux qu'on voit encore à Lajaunie, au lieu dit La Tuque et au Plaisir, près de Tonneins, vestiges d'un temps passé, qui devait avoir quelque chose de lugubre, malgré l'insouciante gaieté d'une population au caractère léger et frivole, et qui a laissé comme souvenir, à ses descendants, quelques parcelles de son tempérament inconstant, frondeur, hâbleur, gouailleur et sans souci du lendemain, mais bon et généreux malgré tout.

Vestiges des temps anciens

Les nombreux souterrains qu'on rencontre en plusieurs endroits de Tonneins nous restent comme des souvenirs des peuples disparus.

Nous en connaissons trois :

L'un au Biscarret, à la maison Rousseau, appartenant autrefois à Dubreuil.

L'entrée de ce souterrain aujourd'hui comblé sur plusieurs mètres, par suite de l'effondrement de sa voûte maçonnée, passe sous la maison qu'habite le Receveur de l'Enregistrement, suit, par des circuits, jusqu'à la gare, et aboutit au petit bois de la Queille qui ombrage la voie du chemin de fer allant sur Bordeaux.

Un autre part du château de Lajaunie passe sous la route de Clairac, et va se perdre du côté de Tastet.

De nos jours, on voit un affaissement de terrain dans la cour dudit château, lequel dénote vraiment l'existence de ce souterrain.

D'ailleurs, dans un temps tout récent, on y a trouvé de la vaisselle et des médailles qui attestent d'une façon indéniable que des peuples anciens ont habité ce souterrain ou, du moins, y ont caché tous ces objets afin qu'ils ne tombassent pas entre les mains des ennemis qui les pourchassaient.

Le troisième souterrain que nous connaissons part du Haut-Montamat, face au Levant, de l'endroit où était construite l'ancienne demeure de M. de Montamat, descend sous l'emplacement qui fut une carrière de grave, la *Gravière*, file sous la voie du chemin de fer de Bordeaux à Agen, et va se perdre à la Moncaubet.

Tous ces vestiges datent-ils de l'époque des Nitiobriges ou du Moyen-Age ?

Nous penchons plutôt pour le Moyen-Age, car, pour exécuter de tels travaux, il faut des outils et nous croyons qu'au Moyen-Age, les outils étaient plus perfectionnés qu'au temps des Nitiobriges.

Quoi qu'il en soit, nul ne le saura sans doute jamais, aucune inscription ne se voyant à l'entrée de ces souterrains.

C'est un secret que les peuples qui les ont fréquentés ont emporté dans la tombe.

Dieu seul, actuellement, connaît les mystères qui s'y passèrent et que personne, peut-être, ne pourra désormais nous révéler.

Tonneins est un vaste cimetière

Des luttes mémorables ont ensanglanté le sol de Tonneins.

Cette ville, peut-on dire, est un vaste cimetière.

Partout où l'on passe, on marche sur des cadavres accumulés dans le sein de son territoire. On ne peut faire un pas sans fouler aux pieds les ossements, les squelettes de ceux qui furent nos ancêtres.

On le vit quand l'administration du gaz vint s'établir à Tonneins. Lorsqu'on creusa le sol pour la pose des tuyaux, l'on mit à jour des ossements humains, des casques et des armes de toutes sortes, non seulement dans un seul quartier, mais dans plusieurs.

Récemment encore, un propriétaire d'Entre-Deux-Bourgs, faisant creuser une fosse d'aisance, les ouvriers qui se livraient à ce travail, découvrirent un squelette qui, lorsqu'on le toucha, s'effrita aussitôt.

Plus tard, le même propriétaire voulant établir un garage d'automobile dans une remise de la rue Colin, l'ouvrier qui piochait le sol trouva une tête de femme aux cheveux blonds, très bien conservés, mais qui tombèrent en cendres quand on voulut les palper.

Tout cela prouve les tragiques vicissitudes qu'a subies notre ville dans le cours des siècles écoulés. Tonneins repose sur des morts.

On verra, dans la suite de son histoire, qu'il a été souvent mis à feu et à sang et détruit plusieurs fois depuis la conquête romaine.

Sentiment religieux de l'époque

L'idée religieuse n'était pas très développée dans l'âme de ces peuples.

Elle jaillit spontanément chez eux, devant la puissance des forces de l'Univers.

Les éléments de la nature les frappaient à un tel point, que leur imagination peupla le ciel et la terre de génies malfaisants qu'il fallait apaiser par des holocaustes divers, afin de se les rendre favorables.

Leurs sentiments religieux étaient donc inspirés plutôt par la crainte que par la vénération qu'on doit à la divinité.

Leur esprit s'effrayait de tout ce qui se déchaînait sur la terre et ces peuples croyaient qu'une fatalité infernale présidait à leur destinée.

Ce fétichisme grossier n'avait rien de commun avec le polythéisme druidique qui devait le remplacer un jour, ni avec le paganisme romain qui supplantera à son tour la religion des druides, comme on le verra plus tard.

L'art chez les Nitiobriges

L'art proprement dit était inconnu à cette époque. Rien n'existait qui se rapportât à l'architecture ou à quelque chose se rapprochant de l'esthétique. Aucun monument remarquable ne s'élevait sur le sol qu'habitaient ces populations encore dans l'enfance.

La langue

Leur langage comme chez tous les peuples primitifs, s'exprimait-il en vers ?

Nous l'ignorons. Nous n'avons aucune certitude à ce sujet.

Agriculture

Mais ce que nous pouvons dire, c'est que les Nitiobriges commencèrent à cultiver les terres, qui environnaient Roccus et qui étaient en leur possession.

C'étaient des terrains tertiaires très fertiles. Les terrains quaternaires formés de cailloux roulés et d'alluvions se trouvaient sur les bords de la Garonne les plus rapprochés de l'embouchure du fleuve.

Les Nitiobriges défendent leur établissement

Aussi, lorsque des hordes étrangères vinrent de tous côtés pour s'emparer de ces terres et s'y établir, les Nitiobriges les défendirent-ils âprement.

Ces hordes de peuplades étrangères ne devaient pas tarder à prendre pied sur le territoire de Roccus.

Le chef des Nitiobriges, un des successeurs de Silocius et nommé *Marcadus*, lutta avec un acharnement digne d'un meilleur sort que celui qu'il subit.

Devant le nombre de ces ennemis redoutables et si avides, il fut obligé de succomber et de partager avec eux les terres sur lesquelles il avait commandé en maître absolu jusqu'alors.

Les Ibères. — Les invasions

L'Asie, berceau de l'homme, avait déversé de bonne heure sur l'Europe le trop plein de sa population.

Plusieurs races s'étaient dispersées dans les diverses contrées de l'Occident, refoulant ou détruisant les peuples qu'elles rencontraient sur leur passage, parfois fusionnant avec eux.

Les Ibères furent les premiers de ces peuplades étrangères qui envahirent le territoire des Nitiobriges.

Après avoir erré longtemps sur les côtes d'Afrique et sur le littoral de la Méditerranée, sans pouvoir s'y fixer, ils se divisèrent en deux parties. Tandis que l'une allait s'établir sur la Durance où elle prit le nom de Saliens, l'autre, descendant le cours de la Garonne, s'arrêta sur la rive droite du fleuve pour y fonder un établissement où ces peuples se firent appeler Aquitains.

Puis se dirigeant vers la Loire, ils écrasèrent dans leur course les habitants de Roccus qui se trouvaient devant eux. Mais bientôt ils furent à leur tour refoulés par les Celtes se dirigeant vers le Midi.

Invasion des peuples du Nord

Plus tard, les Kymris, peuples venus du Nord, s'avancèrent vers la Garonne et rencontrant les Ibères et les Celtes qui leur disputaient le passage, ils exterminèrent la plupart de ces ennemis et s'assimilèrent aux survivants de ces guerres d'extermination.

La nécessité plutôt que l'esprit d'aventures poussait ces diverses peuplades vers de nouvelles contrées et à se détruire les unes les autres pour la possession de territoires plus favorables à l'existence de leurs familles.

Disparition de Roccus

Pendant les invasions de ces hordes étrangères, Roccus eut à en souffrir plusieurs fois et finit par disparaître et par perdre son nom à l'approche de la conquête romaine. Son peuple, par ses divisions intestines, devint la proie des conquérants voisins et tomba un jour sous la domination de Teutomar, roi des Nitiobriges, avec lesquels il avait des affinités de race. (Archives de l'ancien château de Gibel.)

Polythéisme druidique

Quand les Nitiobriges de Roccus, les Ibères, les Celtes et les Kymris eurent fusionné et ne formaient plus qu'un peuple, le polythéisme succéda au fétichisme sur le territoire de cette ville. La hiérarchie des divinités s'était établie, ayant au sommet un dieu sage et prévoyant et auquel on devait une vénération absolue comme souverain maître de toutes choses. Les druides étaient les prêtres de cette nouvelle religion, les ovates les prêtres des sacrifices et les bardes les chantres des guerriers qui combattaient les ennemis de leurs foyers et de leurs dieux.

Hésus, dieu de la guerre, présidait aux combats et recevait dans les célestes séjours les héros qui y trouvaient la juste récompense promise à leurs exploits belliqueux, c'est-à-dire toutes les jouissances que ces guerriers pouvaient désirer. Les bardes, ou poètes, les accompagnaient sur les champs de bataille et les enflammaient de leurs chants enthousiastes.

L'initiation bardique se faisait dans la solitude. Les initiés se livraient à la doctrine ésotérique dans les bois. Le vulgaire ne recevait pas l'enseignement supérieur. Il y avait pour le peuple la doctrine esotérique.

Il ne semble pas que les druides eussent des temples pour la célébration de leur culte.

Leurs cérémonies religieuses se déroulaient dans la profondeur des forêts et le gui était un objet de vénération de la part de leurs fidèles qui lui attribuaient une certaine vertu, comme du reste à beaucoup d'autres plantes.

Les Ovates étaient les prêtres consacrés aux sacrifices humains.

Ils immolaient aux dieux forts et puissants les prisonniers de guerre, souvent même des victimes volontaires qui se sacrifiaient pour rendre les divinités favorables à la cause qu'ils soutenaient.

Les Ovates consultaient les entrailles fumantes des victimes et en tiraient des augures bons ou mauvais selon leur imagination qu'ils croyaient inspirée par un destin infaillible.

Le christianisme devait faire disparaître cette religion qui exaltait plutôt les désirs charnels que le spiritualisme surnaturel et qui était imprégnée de barbarie sans aucun principe moralisateur.

Conquête romaine

Quelques temps avant l'ère chrétienne, les légions romaines envahirent la Gaule.

Jules César avait été mis à la tête des armées de Rome et se montrait un capitaine redoutable pour l'indépendance gauloise.

Un chef Arverne, le Jeune Vercingétorix, fut choisi pour défendre cette indépendance. Il leva des troupes sur tout le territoire des Gaules. Devant le danger pressant qui menaçait la liberté de leurs foyers, beaucoup de chefs avaient répondu à son appel et s'étaient groupés autour de lui.

Teutomar roi des Nitiobriges, jouissait alors de l'estime des Romains. Il portait le titre *d'ami de Rome.*

Aussi, hésita-t-il longtemps avant de suivre l'exemple des autres chefs gaulois.

Pour se l'attacher, Vercingétorix lui envoya son fidèle lieutenant, Luctère, seigneur du Quercy.

Luctère se rendit auprès de Teutomar à qui il montra le danger que César faisait courir à l'indépendance gauloise sans distinction de peuples. L'envahisseur soumettait tous les royaumes à la domination romaine. Teutomar n'hésita plus. Il embrassa la cause de Vercingétorix. Tous les territoires de sa dépendance reçurent sa visite ; il y groupa une nombreuse cavalerie. Le clan des Nitiobriges de l'ancien Roccus, qui n'existait plus en tant que ville, avait répondu à ses besoins d'hommes. Il lui avait fourni des troupes.

A cette époque, vers l'an 58 avant Jésus-Christ, les habitants de cette vieille cité n'étaient plus groupés dans une enceinte quelconque. Les familles s'étaient dispersées un peu de tous côtés. Les unes habitaient sur les terres où sont aujourd'hui *Gardès et Las Campagnes*, certaines à *Lajaunie*, d'autres enfin, *le long de la Garonne*. Celles-ci s'étaient creusé des grottes dans les rochers et dans les tertres qui partent encore de Tonneins-Dessus jusqu'à Suriray en longeant les quais, le Biscarret et Ferron.

Mais devant les corrosions du fleuve qui, par suite des débordements, empiétaient de plus en plus vers le levant, ces familles étaient souvent obligées de chercher de nouvelles hauteurs pour se mettre à l'abri de tout danger. Ces hauteurs dominaient la plaine garonnaise sur une largeur de 12 kilomètres environ.

Très peu de ces familles Nitiobriges résidaient sur l'ancien emplacement de Roccus. Teutomar commandait sur tout ce petit peuple qui ne formait pour ainsi dire plus un clan unifié.

Leur roi Teutomar partagea la bonne et la mauvaise fortune de Vercingétorix, la bonne à Gergovie, la mauvaise à Alésia où le chef Arverne fut vaincu, vers 52 avant notre ère.

Avec ce dernier, disparut l'indépendance gauloise. Teutomar perdit son royaume. Rome s'en empara et envoya un proconsul à Agen pour qu'il commandât en son nom sur toute la contrée de l'Agenais.

Sous les Romains les usages sont respectés

Mais la capitale des Nitiobroges ne déchut pas entièrement. Elle conserva le titre de chef de peuple. Les Romains respectèrent jusqu'à un certain point les usages qui s'y pratiquaient du temps de leur royaume. L'autorité des magistrats subsista longtemps encore.

Un Sénat existait composé des gens les plus notables de toutes les villes soumises à leur roi. Il veillait aux affaires et établissait des officiers inférieurs qui exerçaient la justice.

Au commencement de la conquête il y avait les lois particulières et le droit romain, mais, plus tard, il n'y eut plus que le droit écrit.

Roccus, avant sa destruction, avait joui de nombreux privilèges. Ces privilèges formaient comme une charte municipale qui assurait une certaine liberté et de grands avantages à sa population.

Les chefs qui avaient commandé aux différentes époques de son existence avaient toujours respecté les traditions libérales de ce petit peuple.

La domination romaine établie, Rome imposa sa civilisation.

Pendant les trois premiers siècles après Jésus-Christ les Nitiobriges semblent jouir du calme d'une paix solide.

L'Aquitaine s'étend des Pyrénées à la Loire.

Des villes s'élèvent, des monuments remarquables se construisent. Cette vaste contrée devient des plus florissantes.

Persécutions contre les chrétiens

Sous Dacien, plein d'aversion pour les chrétiens, les persécutions commencent.

Il fait massacrer un grand nombre de personnes qui pratiquent la religion du Christ. Tous les édits sanguinaires qu'avait lancés cet empereur, furent révoqués par Constance Chlore. Constantin, son fils, lui succéda dans les Gaules en 306, et les persécutions furent supprimées.

Pas de monuments romains

Parmi les vestiges que la civilisation romaine a laissés sur le territoire des Nitiobriges, il ne semble pas que les Romains aient reconstruit l'ancien Roccus ni aucune ville portant un autre nom sur l'emplacement où va bientôt s'élever Tonneins.

Nous ne voyons pas dans nos murs ni aux environs, aucune trace de monuments, tels que temples dédiés à Diane, à Jupiter ou à quelque autre divinité païenne. A moins que l'*ex-voto* dont parlent de Lurbe, Saint-Amans et Lagarde et dont les chrétiens brisèrent la corniche dans l'église Notre-Dame, appartienne à l'époque romaine, les choses ne devaient pas avoir changé dans l'ancien Roccus. Tout au plus pourrait-on supposer que les Romains aient tracé l'ancienne route de Bordeaux à Toulouse, et encore, ce serait une supposition gratuite que rien ne viendrait appuyer. Les Romains faisaient les choses grandiosement, et l'ancienne route de Toulouse, qui traversait autrefois Tonneins, laisse fort à désirer.

La route nationale qui partage actuellement, pour ainsi dire en deux, le quartier du Montamat, n'existait pas alors. Au moyen-âge et fort longtemps après, les bastions de Tonneins-Dessus reposaient sur cet emplacement, et longeaient la ville depuis les jardins partant du débit de tabac de l'Esplanade Saint-Pierre, jusqu'à la maison qui fait l'angle de la rue de Gourgue et de la route de Clairac.

Cette maison était autrefois une banque dont nous parlerons en son temps.

Règne de Constantin

Sous le règne du grand Constantin, les Nitiobriges goûtèrent un peu de tranquillité. C'était un prince libéral, les persécutions contre les chrétiens avaient cessé. Mais il n'en fut pas de même sous le règne de son fils Constantin, prince ambitieux.

L'Agenais était devenu riche sous les premiers règnes. Il fut, dès lors, pressuré par cet empereur qui soutenait une guerre contre son frère Constant.

Les Nitiobriges de l'ancien Roccus furent opprimés comme le reste de l'Aquitaine, mais ils ne perdirent pas leurs privilèges. Ce n'est qu'à la suite d'un procès que le duc d'Aiguillon intenta, plusieurs siècles plus tard, à l'Agenais et que celui-ci perdit, que leurs franchises furent supprimées. (Archives de l'ancien château de Gibel).

Les Huns, les Alains, et les Vandales.

Les Huns pillèrent deux fois les Nitiobriges. Au commencement du Ve siècle, les Alains et les Vandales ravagèrent l'Aquitaine, ruinèrent tout le pays d'Agenais, démolirent les églises et incendièrent les villes.

Fondation de Tonneins. Ve siècle

C'est quelques années plus tard qu'eut lieu la fondation de Tonneins par *Tonnantius Ferréolus,* préfet du prétoire dans les Gaules.

MM. Lagarde, dans leurs *Recherches Historiques* sur la ville de Tonneins, ne parlent pas des populations qui habitaient sur son territoire lors de la venue de Ferréol. Nous l'avons déjà dit, ils laissent pressentir qu'antérieurement, une autre ville avait dû exister, mais ils n'en donnent aucune preuve.

Cependant, ils disent que la population des deux villes, Tonneins-Dessous et Tonneins-Dessus, s'élevait à 4.000 âmes environ.

Comment supposer qu'une ville naissante puisse former un tel total, si aucun débris de peuplade n'existait auparavant sur son territoire ? A moins que, nouveau Deucalion, Ferréolus fit naître des hommes en jetant des cailloux derrière lui, cela pourrait se comprendre. Mais les fables de la Mythologie avaient fait leur temps et un monde fabuleux ne sortait plus de terre par un coup de baguette.

Des familles, restes des Nitiobriges de l'ancien Roccus se trouvaient probablement encore sur le territoire que devait occuper Tonneins, et c'est probablement aussi pourquoi Ferréolus choisit cet endroit pour jeter les bases de la ville qu'il voulait édifier.

Avènement du christianisme

Le christianisme s'était établi depuis longtemps déjà dans toute la contrée. Il avait eu ses martyrs sur tout le territoire des Nitiobriges, à Agen, à *Pompéjacum*, aujourd'hui le Mas-d'Agenais, et, probablement aussi sur les terres de l'ancien Roccus, les victimes des empereurs sanguinaires, l'existence de l'*ex-voto* entre les mains des premiers chrétiens pourraient le laisser supposer.

A la vénération des dieux succéda l'adoration envers un seul Dieu, créateur de l'Univers. L'homme a besoin d'aimer et d'adorer. L'amour est le culte de la beauté, de l'art ; l'adoration est le culte qu'on doit à Dieu, immuable et incréé, principe éternel de tout ce qui est beau ici-bas. C'est dans les manifestations de l'Univers, dans les phénomènes de la nature que nous devons contempler nos idées, et, par induction, remonter aux sources des principes premiers, puis, ces principes posés, nous devons, par déduction, dégager les règles de la conduite que l'individu doit tenir dans la vie. L'Evangile pose ces principes. Nous devons une adoration absolue à un Dieu invisible, maître souverain de toutes choses, et le culte qui lui est dû en tant que créateur.

Le christianisme ne pouvait que gagner l'âme de ces peuples opprimés par des dieux despotes et cruels. Il portait l'évangile de la Fraternité, de l'Egalité et de la Liberté parmi les hommes, dont la plupart pliaient sous un esclavage honteux.

Mais l'égoïsme romain ne le comprit pas. Il déifiait ses empereurs qui, parfois, étaient des dieux pleins de toutes les passions humaines.

Aussi, fit-il des martyrs de tous les premiers prédicateurs qui enseignaient la nouvelle et vraie religion et qui refusaient de sacrifier aux idoles.

Invasion des Wisigoths

Il est difficile de se former une idée sur la fondation de Tonneins à la fin du règne des empereurs romains.

A cette époque, Ve siècle, les Wisigoths saccageaient tout l'Agenais, ravageaient les villes, pillaient les églises et ruinaient les familles qui vivaient sur les bords de la Garonne.

Cependant, moins féroces que les Alains et les Vandales, ils ne traitaient pas le peuple de l'Agenais en vaincu.

La civilisation romaine s'était, en quelque sorte, imposée chez eux, et leurs mœurs en étaient devenues moins farouches. Aussi les empereurs les prirent-ils en amitié et leur confièrent-ils la mission de repousser les Vandales.

C'est pour cela sans doute, que les Wisigoths respectèrent l'entreprise de Tonnantius Ferréolus, en le laissant construire Tonneins. Mais, comme les Wisigoths étaient ariens, le peuple de l'Agenais les repoussa et se jeta dans le parti des Francs de Clovis, qui vainquit les Wisigoths vers ce temps à Vouillé.

Obscurité sur l'origine de Tonneins-Dessus

Tonneins-Dessous était fondé. Il s'élevait sur les rochers qui dominent la vaste plaine garonnaise. Mais Tonneins-Dessus ? Rien ne nous indique l'origine de sa fondation. Aucun historien, ni même, MM. Lagarde ne nous donnent des faits précis sur cette dernière ville. Est-ce Ferréol qui bâtit Tonneins-Dessus, mais alors, pourquoi cette séparation entre les deux villes par le bourg de Cuges, le bourg du Puits de l'Egoût, et l'Entre-Deux-Bourgs et leur indépendance de l'une de l'autre également fortifiées toutes les deux ? Est-ce par suite d'un mariage que Tonneins-Dessus dût sa construction, ou bien parce que les habitants, devenus trop nombreux dans Tonneins-Dessous se séparèrent et se bâtirent une ville nouvelle, mais, encore une fois, pourquoi cette séparation ? Il est préférable de supposer que ce furent les Caumont qui l'édifièrent. Seulement comme aucune preuve ne peut appuyer cette supposition, nous prendrons les faits tels qu'ils ont été depuis l'établissement des Francs jusqu'à la destruction des deux villes en 1622.

Le Tonneins actuel

Bâti sur l'ancien emplacement de Roccus Tonneins maintenant ne forme qu'une seule ville. Elle a au moins deux mille mètres d'étendue en longueur sur sept ou huit cents mètres de largeur. Sa population s'élève d'après le dernier recencement à 6.532 habitants. Vu du pont suspendu, il a la forme d'un arc dont le fleuve serait la corde. MM. Lagarde l'ont donné ainsi également comme nous. La ville a toujours été très florissante, surtout à la fin du XVIIIe siècle et jusqu'à une époque assez avancée du XIXe. Grâce à sa manufacture des tabacs et jadis à ses nombreuses corderies une population active vivait à l'abri de la misère.

Mais les corderies ont disparu de nos jours pour la plupart. Les petits cigares de Tonneins étaient renommés pour leur qualité dans toute l'Europe. Aujourd'hui, la municipalité actuelle travaille à l'amélioration et à l'embellissement de la ville.

Cependant Tonneins n'a jamais été à proprement parler une ville aristocratique. Peu de châteaux se sont élevés sur son territoire. C'était plutôt et c'est encore une cité bourgeoise et ouvrière.

Au VIIe siècle, Tonneins ou plutôt les deux Tonneins n'étaient pas aussi étendus en longueur et en largeur que de nos jours. Toneins-Dessous était borné au Nord et à l'Ouest par le Biscarret et le quartier Colisson, qui n'existaient pas encore, ce n'étaient que des terrains vagues ; au sud par le bourg de Cuges et le fleuve ; à l'est par des ornières et l'Entre-Deux bourgs. Le fleuve formait alors une ligne droite qui traversait la section actuelle de St Germain. Ce n'est que plus tard et par suite de ses corrosions et de ses empiètements, qu'il a formé un angle droit à l'extrémité sud de la ville et qu'il vient battre les rochers lorsqu'il déborde.

D'abord il n'y eut que Tonneins Dessous. Ferréol fit enclore la ville par des bastions qui ne résistèrent pas longtemps aux chocs des Sarrazins démolissant tout sur leur passage. Le château était construit sur la place qui porte son nom.

L Eglise s'élevait un peu en arrière du château où se trouve l'église actuelle. C'était Notre-Dame de *Mercadil* qui veut dire patronne des marchands plutôt que frontière, comme le laisse supposer M. Lagarde. Elle prit ce nom parce que les forains qui étaient nombreux dans la contrée s'étaient placés sous son invocation.

Tonneins-Dessus fut bâti plus tard ayant la forme d'un triangle dont un côté était la ligne des rochers de Tonneins Dessus, l'autre les bastions qui aboutissaient à la pointe des rochers près de l'intersection de la route de Clairac et celle de Toulouse et la base, la partie qui part du Puits de Lescure pour rejoindre l'entrée actuelle de la Poulaillère. Le château s'élevait dans la rue Nayranne. De nos jours on peut encore voir les fossés de ce château, comblés par des jardins, longeant la petite rue qui part de la Gardolle pour aboutir à la route Nationale. L'église était construite sur l'esplanade qui porte aujourd'hui le même nom que l'église, mais très avant vers le fleuve. Jusqu'en 1868 on pouvait voir des langues de terre s'avançant sur la Garonne et où était autrefois le cimetière de la ville. Un vieux puits aussi s'y trouvait. Cette église a été détruite et reconstruite deux fois sur le même emplacement, et la troisième fois où elle se trouve actuellement.

Tonneins-Dessus était bien plus fort et mieux fortifié que Tonneins-Dessous. Les bastions, très solides résistèrent longtemps aux assauts que leur livrèrent les hordes étrangères, et plus tard les troupes royales en 1622.

L'église était sous l'invocation de St-Pierre Le pouillé de Valéri porte *inarchipre bytératu Montabalens, Rector Sancti de Thonenx et Béati Marie de Thonenx*. Tous les anciens donnent le titre de matrice à la première et celui d'annexe à la seconde.

L'église fut détruite par les huguenots et les matériaux servirent pour la construction des fortifications.

Le clocher qui servait de portail témoignait d'un beau temple.

Un oratoire fut élevé en attendant la construction d'une nouvelle église ; cette chapelle fut rasée en 1622. Rebâtie, elle était loin d'atteindre les belles proportions de l'autre. (Archives départementales.)

Tonneins Dessus possédait un couvent de Carmes, lequel était situé dans la rue du Haut Montamat, côté sud, et occupait tout le terrain compris entre cette rue et la route de Clairac. Un mur assez haut le clôturait avec des fondrières face au levant. Ces carmes furent établis à Tonneins-Dessus vers le XIVe siècle. Leur couvent plus tard, fut démoli par les protestants. Transférés à Marmande, ils gardèrent néanmoins au Barris du bourg St-Pierre l'emplacement de l'ancien couvent qui formait un enclos de six cartonnats et d'autres biens dans la juridiction.

Tonneins Dessous n'avait encore aucun établissement monastique dans ses murs. Ce n'est que vers 1686 que le Seigneur fit venir des pères de l'ordre de Picpus. Ils prirent le temple protestant pour en faire leur couvent que l'édit de Nantes avait enlevé aux huguenots.

C'est à peu près vers la même époque, que Louis XIV établit des Sœurs de l'instruction charitable du Saint-Enfant-Jésus pour élever les enfants gratuitement.

Silence des documents

Aucun document n'a pu nous renseigner à quoi avait servi à ces époques lointaines la grande et vieille maison qui appartient actuellement à M. Laffargue ancien boulanger, et qui fait face à l'emplacement où était le couvent des carmes avec son église. Appartenait-elle aux carmes de Tonneins-Dessus, ou a-t-elle servi de grands magasins généraux. ? Nous l'ignorons.

Nous ignorons également ce que pouvaient être les trois ou quatre maisons qui se trouvent à droite de la vieille route de Toulouse et dont les caves sont de vastes voûtes cintrées ayant la forme d'immenses souterrains.

Le mystère de tous ces vestiges d'anciennes époques disparues ne pourra probablement jamais être pénétré.

Les Ferréol

La famille Ferréol avait embrassé depuis longtemps le christianisme.

La dignité de préfet du prétoire donnait un pouvoir très étendu. Celui qui était investi de ces fonctions pouvait se croire l'égal de l'empereur. Il était porté en triomphe sur un char traîné par quatre chevaux richement caparaçonnés. Un héraut d'armes marchait devant, l'acclamant dans les rues, devant le peuple courbé à son passage. Il était nommé par l'empereur qui l'instituait chef de la justice, de la police, de l'administration et des finances.

Ferréolus Ier avait épousé la fille du consul Syagrius, Papinianille, et eut pour fils Tonnantius Ferréolus II qui, par son mariage, devint le gendre de l'empereur Avitus.

Tonnantius Ferréolus II eut plusieurs enfants et se signala dans les divers événements qui eurent lieu vers la fin du Ve siècle. L'aîné de ces enfants, Ferréolus III aurait épousé, croit-on, une sœur de Clovis. Parmi sa nombreuse descendance, disent certains auteurs, il y en eut un qui fut évêque d'*Aridium*. Ce fut ainsi que Tonneins fut institué au VIIe siècle, en fief héréditaire par l'un des descendants de Ferréol.

Contestation à propos de la dime

Les habitants de Tonneins-Dessous, pleins de piété, payaient la dîme au clergé. Elle se composait du dixième des fruits.

Mais, l'invasion des Sarrazins obligea les

ministres du culte à fuir le territoire de Tonneins. Dès lors, les dîmes devinrent vacantes ; aussitôt, les seigneurs s'en emparèrent. Quand Charles Martel eut chassé les Sarrazin, le clergé réclama ses anciennes dîmes ; les seigneurs refusèrent de les rendre, prétextant que ceux qui ne pouvaient défendre le pays contre les ennemis n'étaient pas dignes de toucher les revenus que le peuple payait, tandis qu'eux avaient exterminé les Sarrazins. Au fond, c'était de toute justice. Seulement, la dîme était un impôt consenti librement par la piété, non un impôt imposé par la jurade. Mais un accord intervint entre le clergé et les seigneurs. Les dîmes restèrent à ceux-ci, moyennant certains hommages que les seigneurs rendaient.

Ces dîmes furent appelées *inféodées*. C'est ce qui arriva pour le seigneur de Tonneins-Dessous. L'abbé de Sarlat lui abandonna les dîmes inféodées du Bourg-de-Cuges, de Sabalaure et de Lacouture, moyennant que le seigneur lui en fit hommage et qu'il fût le chevalier, le vidame et l'avoué de l'abbaye de Sarlat, titre que, depuis, les seigneurs de Tonneins-Dessous ont toujours porté.

Le seigneur de cette ville avait donc des dîmes inféodées sur Tonneins-Dessus. De quel droit ? Aucun document ni aucun historien, pas même M. Lagarde, ne le disent.

Par cette transaction, la féodalité se créait ; puis, par l'acquisition de terrains et sous le prétexte de protéger les petits seigneurs plus faibles contre les puissants qui les menaçaient, cette féodalité s'élèvera et deviendra indépendante de la royauté, en même temps qu'une menace pour elle.

Ces dîmes étaient patrimoniales et héréditaires. Il existe un grand nombre d'actes en ce sens, notamment un de 1262, et un autre de quelques années plus tard, ainsi que celui que passa Catherine Brachet, dame de Xaintrailles, de Villeton et de Tonneins-Dessous, agissant sous l'autorité de son mari, Jehan de Stuer, avec le fondé de pouvoir de l'évêque de Sarlat pour la paroisse de Saint-Pierre, avec pension de dix livres *arnaudenques*, monnaie ainsi nommée d'un évêque d'Agen, Arnaud de Boville. Il y avait aussi le *liard ardit* qui valait le quart du sou Morlan.

Nouveaux troubles

Après la retraite des Sarrazins, Tonneins, comme du reste tout l'Agenais, ne devait pas jouir longtemps de la paix. Hunaud, duc d'Aquitaine et fils du duc Eudes, ne reconnut pas les services que lui avait rendus Charles Martel. Il se révolta contre lui. Charles Martel, pour se venger, ravagea et pilla tout l'Agenais, y compris Tonneins.

Hunaud fut vaincu également par Pépin le Bref.

Alors, ne pouvant plus lutter, il céda le duché d'Aquitaine à son fils Vaïfre qui suivit les mêmes errements que son père. Il fut battu successivement en 760 et en 761. Vaïfre fut obligé de fuir. Il se réfugia dans la forêt de Vergt, sur les confins du Périgord, où il fut assassiné.

Les Francs saccagèrent une grande partie de l'Agenais. Ce n'est que vers 766 que la paix fut rétablie, quand Pépin le Bref eut reçu la soumission d'Agen et de plusieurs autres villes.

Destruction des deux églises

Pendant tous ces orages les deux églises, celle de Tonneins-Dessous et celle de Tonneins-Dessus furent détruites lors de l'invasion des Sarrazins. La première avait été construite au sixième siècle en forme de basilique. La seconde remontait à peu près à la même époque. Elle était bâtie sur un emplacement battu par le fleuve qui emportait en chacun de ses débordements quelques tombes du cimetière attenant à l'église. Les deux églises furent reconstruites sur leurs anciens emplacements.

Confirmation des coutumes

Ce fut vers cette époque que Ferréol confirma les usages, coutumes et privilèges de Tonneins et cette confirmation se renouvellera encore aux XIe, XIIe XIIIe, et XIVe siècles, par les seigneurs qui se succèderont à la baronnie de Tonneins.

Voici le préambule de ces privilèges tel que nous le trouvons dans certains documents et dans l'ouvrage de M. Lagarde : « *Asso sun las costumas, privilèges, franquisas, stablimens, et libertats que lo noble senhor Moss en Guillem Ferréol senhor de Thonnenx tant elh e suns antiens, an usat, autregat, e confirmats als cunseilhs, jurats et habitants delh dict loc de Thonnenx, aysi coma dyus se ensec. Et ayso fo fait l'an de nostre-Senhor mil ccc.*

Les forains virent eux aussi leurs privilèges et coutumes confirmés par un acte authentique, mais ils étaient soumis à des règlements contenus dans cet acte. En revanche le Seigneur se désintéressait des droits sur les marchandises.

On sait, d'après l'Histoire de France, que l'affranchissement des communes eut lieu dans le cours des siècles qui suivirent l'an mille.

Pour obtenir ces libertés communales le peuple se réunissait sur la place publique de l'endroit qu'il habitait et là le seigneur octroyait ces libertés et jurait de les respecter. Il le faisait souvent de mauvaise grâce. Mais les temps avaient marché et l'église avait prêché la liberté du serf et la sainteté du mariage pour lui comme pour le seigneur. Donc, bon gré, mal gré, le seigneur devait accepter les nouveaux principes qu'on venait de poser.

En général les villes de l'Agenais n'eurent pas besoin de participer à ce mouvement d'affranchissement. Dans tous les temps et depuis leur fondation, elles avaient joui de grands priviléges, privilèges qu'avaient respectés leurs petits rois, les empereurs romains, les mérovingiens et les carlovingiens.

Le moment parut favorable au seigneur et aux habitants de Tonneins de transformer leurs usages et coutumes. Jusque-là c'était plutôt par traditions que ces usages s'appliquaient.

On jugea bon d'en faire un droit écrit. Ils furent inscrits en double sur deux peaux de parchemins. L'un des originaux fut remis au Seigneur et l'autre déposé aux archives de la ville. Les habitants pouvaient les consulter et même en demander une copie.

Ces documents furent détruits pendant les guerres de religion, vers le XVIe siècle.

Mais lorsque le nouveau seigneur de Tonneins-dessous, Louis de Stuer, vint prendre possession de la baronnie, les consuls exigèrent de lui qu'il produisît une copie authentique des coutumes et usages locaux.

Cependant, lorsque l'unité française fut faite et que la royauté eut absorbé tout au XVIIe siècle, les villes perdirent leurs franchises, Tonneins comme les autres.

Sénéchal et Bailli. Leurs attributions

Il y avait à Tonneins un sénéchal et un bailli aux gages du Seigneur qui les nommait.

Bientôt la charge de Sénéchal fut supprimée. Il n'y eut plus qu'un bailli qui était chargé de la défense de la ville et de toute la seigneurie.

Plus tard, il n'eut plus pour attributions que celle de juger les différends.

Les Consuls et Jurats

Quatre consuls gouvernaient et administraient la ville. Ils étaient nommés pour un an et élisaient secrètement leurs successeurs

Ils juraient de maintenir les droits de tous, riches et pauvres, et de ne recevoir ni argent, ni salaire à raison de leur fonction.

Un corps de jurats leur était adjoint comme leur conseil.

Les habitants devaient obéissance et aide aux consuls. Les droits du Seigneur étaient fort étendus et formaient une lourde charge pour le peuple.

Marché et foire

Un marché avait lieu tous les mercredis et une grande foire chaque année. Elle commençait le jour de l'ascension pour finir à la Pentecôte.

A ces marchés et foire accouraient de

nombreux marchands et forains. C'est à eux que Notre-Dame de Marcadil doit son nom parce que tous ces marchands et forains se plaçaient sous sa protection.

Vers 1645, la jurade rétablit les marchés au mardi, et enfin, bien plus tard, on les porta au samedi et cela s'est continué jusqu'à nos jours.

Respect du serment

Ce qui a surtout attiré notre attention dans les coutumes et les mœurs d'alors, c'est le respect qu'avaient nos ancêtres pour le serment.

Jamais aucun serment n'a été foulé aux pieds par eux. Le Seigneur comme le peuple n'ont été parjure à leurs engagements. Il faut laisser écouler plusieurs siècles encore pour trouver des violations à la parole donnée, et encore, c'est pendant des temps troublés que cela se produit.

Les Normands. IXe siècle

Après les Sarrazins et la domination de fer des rois francs, période de misère et de deuils, ce furent les Normands qui vinrent dévaster l'Agenais.

L'anarchie ayant cessé sous le règne de Charlemagne, elle recommence sous les fils du grand empereur. Leur division, leur faiblesse, leur incapacité, laissent la porte ouverte à tous les tragiques événements qui vont se dérouler sur le sol de notre contrée.

Le pays souffre à la fois des exactions des seigneurs et des ravages des pirates.

Les Normands remontent la Garonne saccageant et pillant toutes les villes qui se trouvent sur leur passage, entre autres Tonneins, Sos, Mézin et Condom. Puis se dirigeant vers le Lot, ils brûlent Casseneuil, Villeneuve et Agen.

La royauté trop faible pour défendre le territoire, les seigneurs se considèrent comme indépendants et en arrivent à se croire comme propriétaires des charges dont ils sont investis.

Les petits seigneurs durent chercher un appui auprès des grands seigneurs qui étaient plus riches et plus forts. La féodalité était créée et remplaçait le pouvoir central. Elle était née d'un besoin de protection que la royauté ne pouvait plus lui fournir.

Les Normands vaincus et chassés de nos contrées, l'Agenais est encore loin d'en avoir fini avec l'anarchie et la mauvaise fortune.

Les croisades. — La guerre de cent ans.

La guerre de cent ans allait commencer et les croisades se préparaient.

Aucune relation ne rapporte si, parmi les nobles de Tonneins, il y en eut qui prirent la croix pour la Terre Sainte. L'affirmative est possible, mais rien ne vient en démontrer la preuve. Il est à peu près vraisemblable que certains se croisèrent puisque, tout près de cette ville, à Nicole, des seigneurs partirent pour la délivrance des lieux saints.

« Jamais la foi ne fut plus ardente. La terre semblait « dépouiller sa vieillesse et se vêtir d'une blanche parure d'églises nouvelles ». Une révolution s'opère alors dans l'architecture religieuse. Les pilliers s'élancent avec plus de légéreté, les voûtes montent avec plus de hardiesse. Entre toutes ces églises construites dans le style dit Roman celles de Moirac, de Layrac, de Sainte-Livrade, de Saint-Sardos et de Saint-Caprais. — Nous pouvons ajouter celle de Tonneins à cette époque — méritent une place à part. En même temps, se fondaient les monastères, seuls asiles de paix et de science en ces siècles de violence. La violence était tellement dans les mœurs, qu'on la trouve même à l'origine de ces pieuses fondations. » (Rayeur).

Raymond Bernard, évêque d'Agen, se rendit coupable de violence envers des religieuses de Toulouse, qui se rendaient à Pontevrault. Elles descendaient le cours de la Garonne, lorsque l'évêque leur barrant le passage prit sur lui la responsabilité de leur donner une autre destination, c'est-à-dire de les envoyer dans un monastère qu'il venait de fonder.

Eléonore d'Aquitaine, après son divorce, épouse Henri, roi d'Angleterre, et lui apporte en dot l'Agenais, qui fait partie de son duché d'Aquitaine. Ce mariage sera la cause de grands maux pour la France et pour notre contrée ! Les prétentions des rois d'Angleterre vont jeter la désolation et semer des ruines sur le territoire de l'Aquitaine. Des drames sanglants vont porter la mort dans tous les foyers. D'abord, la croisade des Albigeois, puis la guerre de cent ans.

Cette croisade fut tout autant politique que religieuse. Le Nord voulait imposer sa civilisation au Midi, qui avait ses traditions et ses coutumes.

L'Agenais était considéré comme un foyer

d'hérésie. Le pape Innocent III envoya dans la contrée, Pierre de Castelnau, pour qu'il ramenât les esprits à la doctrine catholique. Mais Castelnau fut obligé de s'en retourner sans avoir pu accomplir sa mission.

Il se rendait près du Pape, lorsqu'il fut assassiné par un serviteur du comte de Toulouse. Ce fut le signal d'un massacre général. Le terrible Simon de Montfort met tout l'Agenais à feu et à sang. Il détruit Tonneins, pille Casseneuil, Penne et autres villes. Tonneins fut saccagé aussi par le vicomte de Turenne en 1209.

La guerre reprend encore avec plus de violence après la mort de Simon de Monfort. Tout d'abord, elle est favorable au comte de Toulouse. Mais la fortune change bientôt. Amaury de Monfort voit ses armes triompher, lorsque, soudain, il sollicite l'intervention du roi de France, et le comte de Toulouse s'incline devant les décisions royales. Il fiance sa fille à Alphonse, frère de Saint-Louis, et la tranquillité se rétablit.

Les Albigeois sont vaincus.

Sous le gouvernement ferme et sage d'Alphonse, la malheureuse Aquitaine se relève de ses ruines.

Mais un scrupule de Saint-Louis ne va pas tarder à rallumer la guerre.

Nous ne jugerons pas la conduite de ce roi connaissant ses vertus et l'honnêteté de sa conscience. Peut-être bien que s'il eût agi autrement les choses auraient pu changer de face. Ce scrupule était déplacé puisqu'il s'agissait du territoire de la France, en dépit d'une propriété particulière et personnelle.

Reconnaissant les prétendus droits du roi d'Angleterre sur l'Aquitaine, Saint-Louis la lui rendit par le traité d'Abbeville. (1259).

Saint-Sardos. Prélude de la guerre de Cent ans.

Charles le Bel avait fait construire une bastide dans l'enclave de Saint-Sardos qui était resté français. Les Anglais la détruisirent malgré les traités. Ce fait fut le prélude de la guerre de cent ans. C'est donc Saint-Sardos près d'Aiguillon, qui mit le feu aux poudres.

Pendant cette guerre, Tonneins subit divers changements. Il fut tour à tour aux mains des rois de France et à celles des rois d'Angleterre. Le fils de Philippe de Valois,

Jean, duc de Normandie, vint mettre le siège devant Aiguillon, en 1346. Le prince de Galles prend le Port-Sainte-Marie, Clairac Tonneins. La ville avait été occupée déjà en 1339 par le célèbre aventurier Rodrigue Villedrando.

D'abord, la guerre ne se fit qu'entre seigneurs jaloux les uns des autres. Elle ne fut pas encore nationale. Certaines villes tenaient pour le roi de France, d'autres pour le roi d'Angleterre. Les intérêts locaux jouèrent un grand rôle au début des hostilités. Le seigneur de Montpezat eut une conduite assez louche dans toutes les affaires qui se passèrent à Saint-Sardos. Plusieurs auteurs disent qu'il avait un vêtement portant à la fois les couleurs de France et celles d'Angleterre, et qu'il n'avait qu'à retourner ce vêtement à l'approche de l'un ou de l'autre parti pour lui faire accroire qu'il était des siens. A la fin, son château fut détruit.

Quand Jean de Normandie vint mettre le siège devant Aiguillon, il arrivait de Damazan, dont il avait passé la garnison au fil de l'épée.

Il commandait une grande armée munie de pièces d'artillerie. On croit que c'est à ce siège que les canons jouèrent pour la première fois.

A cette époque, la ville d'Aiguillon dominait une île très étendue que formait la Garonne. Les troupes de Jean s'y étaient établies. Elles jetèrent un pont sur le bras du fleuve qui baignait les murs de la place mais ce pont fut détruit, et cela se renouvela plusieurs fois.

Alors, Jean porta une partie de son armée à Nicole pour couper les assiégés d'avec Tonneins et rendre ainsi le ravitaillement impossible.

Mais rien n'y faisait. La garnison d'Aiguillon résistait toujours. Le désastre de Crécy vint changer la face des choses. Jean en l'apprenant, leva précipitamment le siège. Il avait duré plusieurs mois.

Le prince de Galles était maître de Port-Sainte-Marie, Clairac et Tonneins depuis 1355. Tonneins revint au duc d'Anjou en 1370. Mais celui-ci fut obligé de reculer. Aidé de Duguesclin, il le reprend en 1374.

La défaite de Poitiers éclate comme un coup de foudre, et le traité de Brétigny sanctionne cette défaite désastreuse pour la France. Jean abandonne l'Aquitaine au roi d'Angleterre. Dès lors, ce ne sera plus que pillage, dévastation, ruines, misères et deuils sur le vaste territoire de l'Agenais.

L'Agenais ne reviendra terre française qu'en 1453. A cette époque, les Anglais seront définitivement chassés de l'Aquitaine.

Pendant cette longue et désastreuse guerre, les Dunois, les Lahire,et les Xaintrailles, dignes compagnons de Jeanne d'Arc, s'étaient signalés par des exploits héroïques. La famille Ferréol, alliée à la maison d'Albret, touche à son déclin à la baronnie de Tonneins-Dessous. Ponthon de Xaintrailles va bientôt lui succéder dans la seigneurie. Etienne Ferréol avait épousé, en 1327, Dauphine de Gontaud, fille de Gaston de Gontaud et de comtesse de Luzechz. La porte qui fermait autrefois l'entrée de la ville à la côte du pont et au bout des allées Dauphines portait son nom.

Dans le cours du XIIIe siècle, Raymond de Rovinah de Caumont, nouveau seigneur de Tonneins-Dessus, donna à cette baronnie les coutumes de Casteljaloux. Mais les habitants réclamèrent auprès du seigneur afin d'obtenir des coutumes supplémentaires et plus en rapport avec leurs mœurs et leurs usages.

Souvent, les deux villes plaidaient contre

leurs seigneurs. Tonneins-Dessus pour obtenir des libertés nouvelles, Tonneins-Dessous pour maintenir celles qu'il avait conquises.

La Renaissance. — Littérature: — Les troubadours

Malgré les diverses tourmentes sous lesquelles gémissait l'Aquitaine, malgré les flots de sang qui submergeaient l'Agenais, la Renaissance allait jeter les lueurs de son divin flambeau au travers des ténèbres de l'époque et éclipser le Moyen-Age.

Un engouement s'emparera dès lors des esprits pour les chefs-d'œuvre de l'antiquité. L'imitation des poètes d'Athènes et de Rome deviendra une émulation générale parmi les auteurs français. La poésie marchera sur les traces de ces modèles qu'elle dépassera parfois. Les sciences, la philosophie, l'éloquence de la chaire feront de grands progrès et cette dernière atteindra des hauteurs inconnues jusqu'alors. Déjà, au XIIIe siècle, dans l'Aquitaine, pour continuer la tradition des anciens bardes, mais avec des mœurs moins féroces, une pléiade de troubadours s'était levée allant chanter leurs enthousiasmes dans les châteaux, et leurs amours aux belles dames, la transparence d'un ciel harmonieux, les beautés d'un pays toujours embelli par une riche nature qui frissonnait au murmure enivrant de la Garonne. Les *jongleurs* parcouraient les villes et, sur les places publiques, égayaient dans leur langage vulgaire, les pauvres gens qui venaient se délasser au récit de poèmes badins, dits en les divers idiomes qui se parlaient dans le pays d'oc. Il paraît vraisemblable que Tonneins, cette terre qui a toujours nourri de nombreux poètes, eut ses troubadours ou, du moins, ses jongleurs, mais leurs noms ne nous sont pas parvenus. Ce que nous pouvons dire avec certitude, c'est que Tonneins eut un hagiographe distingué en la personne de Guillaume, dominicain né dans notre ville au commencement du XIIIe siècle, mort à Marseille en 1299. Ce dominicain a écrit sur toutes les parties des livres saints.

Droit civil écrit. — Droit criminel

Une sorte de code fut écrit aussi renfermant tous les règlements de justice. Le droit pour le bourgeois d'avoir dans sa maison des armes et équipages de guerre, le combat judiciaire, l'amende ou la confiscation, lorsque les parties étant liées, il y avait accommodement entre elles, surtout si l'appelé était vaincu.

Le voleur était puni d'une amende ou à avoir une oreille coupée, selon la nature du vol, même de mort, en cas de récidive.

Le meurtrier était enterré vivant sous sa victime. Le faux témoin avait la langue percée. L'adultère était puni comme dans beaucoup d'autres villes, c'est-à-dire que les coupablesétaient attachés ensemble et promenés tous nus dans les rues de Tonneins.

Ces coutumes ont été bien atténuées depuis, et certaines supprimées. La justice aujourd'hui ignore beaucoup de faits qui étaient punis autrefois sous l'administration de nos ancêtres. Il y avait alors à la tête de cette administration, outre le seigneur et le bailli, quatre consuls et des jurats, qui formaient comme une sorte de municipalité.

Tonneins-Dessus était administré à peu près la même chose. La coutume de Casteljaloux avait été imposée à cette ville en 1261, mais celle-ci n'avait rien de l'organisation municipale. Le tarif des droits et des amendes est plutôt au profit du seigneur. MM. Lagarde sont d'accord avec nous sur ce point.

Les nouveaux Seigneurs de Tonneins-Dessous

Tout semblait donc rentré dans le calme à Tonneins, lorsqu'Isabelle de Ferréol, dame de Montpezat, et fille de Jean Ferréol, vendit la Seigneurie de Tonneins-Dessous au baron de Madaillan, partisan du roi d'Angleterre. Le roi de France ayant fait ce baron prisonnier, retint la baronnie. Le Parlement de Toulouse devait statuer sur ce dépôt. L'affaire traîna en longueur. Enfin, des lettres patentes du roi, datées de 1450 l'attribuèrent à Pothon de Xaintrailles. Néanmoins, un contrat de vente, confirmé par le roi, fut conclu entre les héritiers de Madaillan et Xaintrailles.

Pothon avait rendu de grands services à Charles VII dont il était un des meilleurs capitaines. Mais un jour qu'il combattait Talbot, accompagné de son domestique, sorte de berger se prétendant inspiré, il fut fait prisonnier. Rendu à la liberté par le général anglais, Charles VII l'envoya guerroyer contre le comte d'Arandel, tandis que son berger Guillaume fut retenu prisonnier et chargé de chaînes.

Pothon était seigneur de Tonneins-Dessous. Une demoiselle de Xaintrailles avait épousé en 1412 Laurent de Bruet, et les deux époux étaient venus s'établir à Tonneins. Les descendants de cette famille ont été plus tard, M. de Bruet et Madame de Luppé-Lagarde.

Pothon mourut sans laisser d'enfants. Il légua à sa femme, Catherine Brachet, la baronnie de Tonneins-Dessous. Deux ans après, sa veuve se remaria avec Jean de Stuer baron de la Barde, vicomte de Ribérac, baron de la Marche. Ils s'éteignirent en 1490 sans laisser de postérité. Catherine, par testament, donna la baronnie de Tonneins-Dessous à Guillaume de Stuer, seigneur de Saint-Maigrin.

Les consuls réclamèrent au nouveau seigneur le serment de respecter les coutumes écrites qui étaient tombées en désuétude sous les seigneurs précédents, mais qui existaient aux archives de la ville.

Ce serment fut prêté devant une assemblée générale dans l'église de Tonneins-Dessous en 1490.

Nous avons puisé ces quelques renseignements dans cetraines monographies et dans l'histoire de M. Lagarde.

Guillaume de Stuer, seigneur de Saint-

Maigrin, épousa, par la suite, Catherine de Caussade qui lui donna un enfant, François de Stuer de Caussade. François devint baron de Tonneins-Dessous et ses descendants continuèrent de possèder cette baronnie jusqu'à la Révolution.

La réforme. — Ses conséquences

L'ardeur des populations n'avait pas été affaiblie par toutes les luttes sanglantes qui avaient désolé l'Agenais. La Réforme va trouver un terrain tout préparé pour y recevoir sa doctrine, et les atrocités y atteindront un degré inconnu jusqu'alors.

La silhouette des farouches Montluc et Montgomméry laissera sur nos contrées des traces horribles. Ces deux terribles adversaires lutteront pour savoir lequel des deux surpassera l'autre en horreur, en cruauté et en sauvagerie. Les bûchers vont éclairer l'Agenais et Tonneins de sinistres lueurs, et les bois, les arbres ploieront sous le poids écrasant de nombreux pendus.

Jugeons les faits et les personnages d'après les mœurs de l'époque qui avait conservé un reste de barbarie. L'Histoire doit être impartiale. Nous ne devons pas voir les choses à travers le prisme de nos intérêts et de nos passions. Ce serait une erreur de juger les événements de ces temps lointains, d'après les mœurs de notre époque. La tolérance, la pitié, la bonté, la beauté, ont fait de grands progrès. Nous ne le regrettons pas.

Certainement des abus s'étaient glissés au sein de l'Eglise de Dieu. Des esprits clairvoyants et autorisés les avaient dénoncés, des conciles les avaient reconnus. Mais Rome était restée toujours sourde aux avertissements qu'on lui faisait entendre.

D'autre part, beaucoup de guerriers nobles s'étaient fait octroyer, sans aucune vocation sacerdotale, de riches abbayes et des évêchés et avaient porté dans le sanctuaire des mœurs trop souvent déplorables.

La royauté était hésitante et peu franche. Plus tard, Catherine de Médicis, par son hypocrisie et sa perfidie, se servit tantôt d'un parti, tantôt de l'autre, selon ses intérêts en jeu et finit par gâter tout.

Les Guises montraient un peu trop d'ambition pour le trône et la ligue qui se forma un jour se composait d'énergumènes fanatiques qui ne respectaient plus la vie des rois.

Mais Rome ne pouvait admettre la prédestination contenue dans la doctrine de l'église prétendue réformée et qui nous eût ramenés à une sorte de fatalisme.

L'homme n'est pas prédestiné en naissant pour le ciel ou pour l'enfer. Il ira où il sera digne d'aller selon ses œuvres. L'éducation, le milieu et ses passions le feront bon ou mauvais. Il a son libre arbitre pour se conduire et son déterminisme le fera juger d'après ce qu'il aura fait.

Rome ne pouvait non plus accepter la thèse que la Foi suffit pour être sauvé. La foi sans les œuvres ne suffit point. Basée sur le libre examen, la nouvelle religion ne pouvait qu'être anarchique dans ses principes. On le voit de nos jours : elle a donné naissance à des sectes diverses qui se divisent à l'infini. De nombreuses atrocités se sont commises parmi les adeptes de ce libre examen.

D'un autre côté, la noblesse embrassa la Réforme par intérêt et par rancune contre l'Eglise catholique. Elle en voulait à celle-ci qui avait prêché l'abolition de l'esclavage d'abord, puis du servage. Elle avait prêché surtout la liberté et la sainteté du mariage pour le serf comme pour le seigneur.

La noblesse s'était fortement enrichie et grandement fortifiée pendant la guerre de cent ans. Mais elle prévoyait qu'un jour ou l'autre le pouvoir central l'absorberait. Aussi adopta-t-elle les nouvelles idées avec empressement, espérant maintenir son indépendance et l'établir sur des bases solides. Rêves insensés ! chimériques illusions ! Elle devait disparaître à jamais. Richelieu, après Louis XI, lui porta le second coup fatal en faisant trancher la tête à un de ses plus puissants supports, le duc de Montmorency.

La réforme fut donc tout autant politique que religieuse dans l'esprit de ses adeptes. Du reste, voici ce que dit Hanotaux dans son Histoire de France :

« Durant les troubles de la Régence on « avait bien vu que l'existence du parti pro- « testant était une menace perpétuelle pour « l'unité nationale... Tant qu'il subsistait « comme organisation politique, l'unité du ro- « yaume était irréalisable ; tant qu'il subsistait « comme organisation militaire, aucune entre- « prise de longue haleine au dehors n'était « possible. »

Le protestantisme voulait donc se constituer en parti politique et militaire indépendant de l'Etat et cela au moment où la France cherchait à briser les tentatives d'hégémonie de la Maison d'Autriche et de la monarchie espagnole.

On sait que la prédication des indulgences fut le prétexte de la Réforme. Les Augustins jaloux qu'elle eût été donnée aux Dominicains, Luther, moine augustin, leva l'étendard de la révolte et créa la grande hérésie qui devait désoler l'Occident.

Bientôt Calvin au nom du libre examen réforma à son tour la doctrine de Luther et poursuivit de son autoritarisme exalté et fanatique les meilleurs de ses disciples qui montraient quelque indépendance envers la doctrine qu'il prêchait.

La royauté, en même temps qu'elle pourchassait les protestants à l'intérieur de la France, favorisait les infidèles à l'extérieur. L'anarchie était partout. Il ne pouvait en sortir que des ruines et des flots de sang.

C'est ce qui arriva pendant ces époques inquiètes et tourmentées.

Déjà des persécutions avaient lieu à Agen et à Fumel. A Agen un religieux, Vindocin, fut accusé d'hérésie et bientôt brûlé vif sur le Gravier. A Fumel, le Seigneur, ayant voulu empêcher un ministre protestant de prêcher devant ses vassaux, fut égorgé dans les bras de sa femme par les réformés.

André Mélanchton, neveu de Luther, vint

à Tonneins prêcher les idées nouvelles. Le jeune Calvin se rencontre à Nérac avec Lefèvre, le patriarche de la Réforme. Nérac fut le foyer d'une propagande très active.

Beaucoup de villes de l'Agenais avaient adopté les doctrines de Luther d'assez bonne heure. A Clairac, à Tonneins, à Monflanquin, les protestants sont les maîtres. Des couvents à Marmande et à Agen sont la proie des flammes. Le culte catholique est interdit un peu partout, les églises pillées. Le terrible Monluc, vient brusquement interrompre ces dévastations. Il marche sur Feugarolles où il anéantit les milices de Nérac. « Nous étions si peu, disait-il, que nous ne pouvions tout tuer. » Les arbres le long des chemins portaient une riche floraison de pendus. C'est ainsi qu'il marquait son passage.

Cependant tout s'explique dans sa conduite qui, si elle ne mérite pas d'être excusée, du moins elle peut obtenir des circonstances atténuantes. Car voici ce que nous trouvons dans Rayeur :

« Monluc fut, avant tout, un chef de partisans qui excella dans la guerre de surprises et de coups de main. Ce fanfaron de la terreur ne fut pas pire que ses contemporains, et la férocité qu'il étale dans son livre des *Commentaires* n'était que trop dans les mœurs du temps. Ce qu'il combattait surtout dans les huguenots, c'étaient des révoltés contre le roi, et l'on ne saurait oublier l'admirable lettre dans laquelle il recommande au prince de « les laisser vivre en toute sûreté et liberté de conscience. »

Montgommèry à la tête des protestants ravagea et ensanglanta toute la contrée de Tonneins et de Marmande. Mais il n'avait pas cet esprit de ruse guerrière ni l'intelligence de son rival. Toutefois, il fut presque aussi féroce et aussi cruel que lui.

Le duc de La Force, seigneur de Tonneins-Dessus, avait adopté les doctrines de Luther, tandis que François de Stuer, seigneur de Tonneins-Dessous, était resté catholique. Mais les habitants des deux villes avaient embrassé la Réforme.

Nous trouvons dans l'historique de Tonneins publié par l'Annuaire de l'Agenais le passage suivant :

« Monluc occupe Tonneins en juillet 1562. L'édit du 12 Mars 1563 qui réglait le culte protestant n'accorde rien à Tonneins. Jeanne d'Albret, allant à La Rochelle y passa en septembre 1568. Cette princesse y attendit le sieur de Fonterailles, sénéchal d'Armagnac, qui lui amenait une corneille de cavalerie, et le sieur de Montamat, son frère, qui commandait un régiment d'Infanterie, et elle sortit de Tonneins au nez de Monluc et prit la route de La Rochelle.

En 1569, Tonneins souffre des représailles sanglantes ordonnées par Monluc ; sans se décourager les habitants soutiennent Coligny dans sa lutte contre Monluc ; les réformés abandonnent la ville en 1578.

Occupé à nouveau par les huguenots, Tonneins se rend à Monluc.

Tonneins qui faisait partie de l'apanage de Marguerite de Valois fut visé par cette dernière en querelle avec Henri de Navarre, mais celui-ci la lui reprit ; la ville retomba ensuite aux mains de Matignon.

Le 20 septembre 1599, une assemblée tenue à Tonneins décida d'envoyer une députation au roi pour hâter l'enregistrement de l'édit de Nantes par le Parlement de Bordeaux.

Le 18 juillet 1621, Tonneins ouvrait ses portes à Louis XIII et servait de quartier général aux troupes du roi. Celui-ci quitta la ville le 9 août. C'est en mars 1622 que le duc d'Elbeuf vint mettre le siège devant Tonneins révolté.

Tonneins était divisé en deux villes distinctes, ayant chacune son enceinte fortifiée ; Tonneins-Dessus, qui appartenait à la Force, était commandé par Lagarde ; et Tonneins-Dessous ayant pour Seigneur le comte de La Vauguyon. Cette dernière était beaucoup moins forte que Tonneins-Dessus et fut emportée le premier jour par Thémines ainsi que le faubourg de Cuges. Tous les défenseurs se retirèrent dans Tonneins-Dessus que La Force hardiment retranché sous les murs du côté de Clairac soutenait vigoureusement.

Le 20 mars une attaque, tentée contre ce poste et contre la ville par le maréchal de camp du Bourg-Lespinasse, ne réussit pas.

Le duc d'Elbeuf décide alors d'affamer la ville et établit un barrage au confluent du Lot et de la Garonne, c'est-à-dire à Nicole ; mais La Force détruit ce barrage, ravitaille la ville et peut même s'établir au Nord. Le 18 avril, la fortification Nord-Ouest est emportée et reprise par les assiégés ; le bastion oriental est également occupé sans grand résultat.

Le 27 avril une sortie énergique dégage

les entours de la ville bientôt réoccupés par le duc d'Elbeuf, qui a rallié ses troupes ébranlées.

Cependant, malgré une attaque hardie de La Force, le siège s'éternisait, la ville était affamée ; aussi le 4 mai, une capitulation était signée, aux termes de laquelle la garnison pouvait se retirer où bon lui semblait avec armes et bagages, mais s'engageant à ne pas porter les armes contre le roi pendant six mois. La garnison se retira à Clairac et à Ste-Foy ; Montpouillan et Castets moururent trois jours après de leurs blessures, à Clairac.

Tonneins fut réduit en cendres par ordre de Louis XIII. Le poète Costebadie a pleuré sur ses ruines dans une touchante élégie.

En 1663, le temple de Tonneins fut « fermé. » *(Nous en reparlerons plus loin).*

La Saint-Barthélémy n'avait point laissé une grande impression à Tonneins, sans doute parce que les protestants y étaient trop nombreux et que Monluc se trouvait au siège de Montauban. Jacques Nompar de Caumont, marquis de la Force et baron de Tonneins-Dessus, faillit périr à Paris dans le massacre de la Saint-Barthélémy. Il ne parvint à se sauver qu'en contrefaisant le mort. Il garda au fond de son cœur un ressentiment extrême de ce massacre bien inutile pour la cause catholique. L'Eglise ne le désirait pas. Mais projeté depuis longtemps par Catherine de Médicis, il eut lieu sur l'ordre de Charles IX, lequel adopta trop facilement les conseils déplorables de sa mère qui le dominait et devant laquelle le roi était toujours faible et timide.

Depuis ce massacre, La Force était devenu un des chefs des plus zélés et des plus hardis du protestantisme. Son père, couché entre ses deux fils, avait été massacré pendant la nuit funeste de la Saint-Barthélémy.

Cependant qu'Henri de Navarre tenait Tonneins, le maréchal de Biron, à la tête des troupes royales, commandait Marmande. Les deux armées luttaient de valeur sans que le sort des batailles décidât pour l'un ou l'autre des partis en présence. Ce ne fut que par une ruse de Duplessis-Mornay, ambassadeur d'Henri de Navarre, auprès de Biron, que le Béarnais entra dans Marmande dont plus tard les habitants le firent gouverneur.

Pendant ces événements, Tonneins-Dessous avait pour seigneur Louis de Stuer de Caussade, qui avait succédé à François de Stuer de Caussade, son père, décédé. Son frère aîné, Paul de Stuer de Caussade, comte de Saint-Maigrin, l'un des mignons de Henri III, avait été assassiné en 1578 en sortant du Louvre.

Louis de Stuer de Caussade ayant conservé ses croyances catholiques, la population de Tonneins-Dessous lui retira sa confiance et la reporta sur le marquis de La Force dont l'influence devint entière sur les deux villes, Tonneins-Dessus et Tonneins-Dessous. Ce fut probablement pour cela que le roi Henri IV nomma Jacques de Bruet, sieur de Lagarde, gouverneur du château de Tonneins-Dessous, sous l'autorité seule du gouverneur de la province.

Le duc de Mayenne à Tonneins XVIIe siècle

Mayenne, se rendant à Montauban, s'arrêta à Tonneins.

Voici la relation de son passage dans cette ville telle que la rapporte M. Lagarde d'après un acte du temps :

« Le quatorze septembre mil six cent dixhuit, monseigneur le duc de Mayenne fit son entrée en la présente ville de Tonneins, étant gouverneur pour le roi et premier consul en la dite ville, noble Jacques de Bruet écuyer, sieur de Lagarde, et Messieurs Jean de la Barrière, Me Pierre Desclaux et Pierre Maujon, second, troisième et quatrième consuls, par lesquels le dit seigneur fut reçu en la forme suivante, savoir, : Que le dit sieur de Lagarde, en qualité de gouverneur, accompagné de cent chevaux, alla au-devant de lui jusqu'à Fauguerolles, entre Marmande et Tonneins, et, après l'avoir salué et lui avoir offert ce qui dépendait de sa charge pour le service du roi et du dit seigneur, il l'accompagna dans la dite ville ; et, sur le chemin, entre la ville et la maison de Beaupuy, appartenant au sieur de Ferron, il fut reçu par les gens de pied que le dit sieur de Lagarde avait fait assembler en armes en un bataillon composé de sept cents hommes bien armés de piques et de mousquets, et après que le dit seigneur les eut vus au dit bataillon, il désira les voir défiler. Ainsi ils passèrent tous en ordre par-devant lui et vinrent se rendre en haie devant la ville d'un côté et de l'autre de la grande rue. Et comme le dit seigneur s'approchait de la ville, les consuls, avec les livrées, accompagnés des jurats, lui vinrent au-devant ; le sieur de la Barrière, second consul, lui parla ; et tant au nom du sieur de Lagarde que du reste des consuls et corps de ville, lui présenta les clefs de la dite ville. Cela fait, le dit seigneur passa dans la ville, au milieu des haies de gens de pied, et s'en alla coucher à Aiguillon où le sieur de Lagarde l'accompagna. »

La baronnie d'Aiguillon fut érigée pour la première fois par Henri IV en 1599 en faveur de Henri de Lorraine, duc de Mayenne et de Guienne. Puis, en 1634, elle passa aux *mains d'Antoine de l'Age, seigneur de* Puylaurens, qui mourut au donjon de Vincennes et sur lequel Paul de Musset a écrit un curieux roman d'aventures. Et en 1637, Marie de Vignood, veuve de M. de Combalet, acquit ce fief des mains de son oncle, le cardinal de Richelieu.

Agitation aux environs de Tonneins

Après le départ du duc de Mayenne, une certaine agitation se manifesta aux environs de Tonneins. Les consuls et jurats Jean de Latané, Chirol, Drême, Goumois, reçurent un courrier du duc qui leur annonça que des troubles se manifestaient dans la contrée et que les révoltés contre le roi levaient des troupes qui se réunissaient au château de Prayssas.

Les mécontents organisaient ce mouvement à l'occasion du départ de la reine-mère du château de Blois. Le duc d'Epernon l'avait reçue à Angoulême. Le duc de Mayenne revint à Tonneins et traversa la Garonne en bateau.

Différends entre les deux villes

L'agitation ayant cessé, une querelle surgit entre Tonneins-Dessus et Tonneins-Dessous à l'occasion d'une poste d'eau.

La ville de Tonneins-Dessus, voyant que Tonneins-Dessous possédait une poste d'eau partant chaque dimanche pour Bordeaux, voulut elle aussi en avoir une. Mais ses consuls eurent tort de la faire partir le même jour et à la même heure que sa rivale. Ceux de Tonneins-Dessous prétendaient que cette poste était pour leur ville un droit exclusif et qu'ils s'opposeraient à l'entreprise de Tonneins-Dessus. En effet, lorsque le bateau de poste dérivait sur la Garonne, les consuls et les jurats de Tonneins-Dessous, qui s'étaient rendus au port de la Barre, firent amener le bateau, s'emparèrent des marchandises et mirent le patron en prison.

De là un procès devant le Parlement de

Bordeaux dont le résultat fut une perte sèche pour les deux villes (*Archives* — M. Lagarde).

L'Assemblée de La Rochelle
Ses conséquences

Un mouvement révolutionnaire, et des plus violents, ne tarda pas à se dessiner dans les deux villes contre le pouvoir royal, prélude des journées sanglantes et de la ruine complète des deux Tonneins.

Ce mouvement était le résultat de l'influence de l'Assemblée de La Rochelle.

Certains Réformés plus pondérés et plus sages que les meneurs déploraient les prétentions de cette assemblée et n'approuvaient pas les pouvoirs exorbitants qu'elle s'était octroyés, c'est-à-dire de vouloir former un Etat dans l'Etat par les prérogatives tout à fait indépendantes du pouvoir royal qu'elle avait adoptées.

Mais la violence et l'ambition l'emportent malheureusement trop souvent sur la sagesse et le désintéressement. Aussi arrive t-il tôt ou tard les pires catastrophes.

C'est ce qui eut lieu pour les deux Tonneins.

A cette époque, 1621, parut un édit royal pour l'établissement de garde de petit sceau donné à Tonneins, et les consuls de Tonneins-Dessous étaient Jean Villotte, Jean de Laqueille, Jean Subjet, Jacques Pomarède ; les jurats, Jacques de Bruet, sieur de Lagarde, gouverneur ; Pierre de Ferron, sieur de Beaupuy ; Jean de Lathané, Pierre Desclaux, Alexandre de Larrard, Pierre et Jean de Labarrière, Bernard de Feytis et autres, en tout 31.

Cependant l'agitation continuait. M. le duc de Rohan avait écrit à M. de Lagarde pour lui donner rendez-vous à Ste-Foy-la-Grande. M. de Pécharnault lui communiqua la lettre du duc de Rohan, lorsqu'on apprit brusquement que le duc était dans les murs de Tonneins-Dessous. Le but de M. de Rohan était d'empêcher qu'on envoyât une délégation féliciter le roi qui était à Bordeaux. (Conseil de Jurade, délibération).

Louis XIII à Tonneins

Le manifeste que lança l'assemblée de la Rochelle mit le feu aux poudres. Les protestants se croyant persécutés prirent les armes. Tout Tonneins se souleva. Une armée à la tête de laquelle était le roi marcha sur cette ville qui devait être le centre des opérations militaires contre Clairac et les villes d'alentour. Le roi arrivant par Bergerac, coucha à St-Barthélémy et se remit en marche le lendemain pour Tonneins. Arrivée à Hautesvignes, l'armée fut surprise par un violent orage. Le roi fut obligé de camper, le Tolzat et la Torgue ayant débordé à la suite des pluies torrentielles qu'il était tombé pendant l'orage.

Le conseil agita la question de savoir laquelle des deux villes on devait attaquer la première, Clairac ou Montauban. On se décida pour Clairac. Et voici ce que dit Rayeur sur le siège de cette ville :

« Louis XIII vint en personne diriger les opérations contre la place de Clairac. La prise des premiers ouvrages coûta cher. Ensuite il fallut enlever une à une les barricades établies à 2.000 mètres en avant des remparts. Les assiégés les défendirent avec d'autant plus d'insouciance du péril que si l'on eût tiré sur eux avec « sarbacanes chargées de sucre. » Les femmes assistaient les hommes sur les remparts. Une volée de canon en emporta dix-huit qui chantaient des injures en lavant du linge sous un pont. Le 30 juillet les batteries purent ouvrir le feu contre la place. Elle tint encore quatre jours ; mais enfin, il fallut capituler. Les murs furent rasés et les habitants imposés à 70.000 écus. » (1621.)

Pendant ce siège, M. de Termes frère du duc de Bellegarde, fut blessé. Il mourut de ses blessures à Tonneins où il avait été transporté. Egalement le connétable de Luynes mourut au siège de Monheurt et fut enterré au château de Longueville.

Les protestants violent un traité passé

Quand Louis XIII partit de Tonneins pour aller assiéger Clairac et Montauban, il laissa une garnison dans cette ville sous le commandement du duc de la Vauguyon et de Dondas. Mais après son départ, La Force prit la ville et les protestants en dépit de la parole jurée passèrent cette garnison au fil de l'épée, tandis que La Vauguyon et Dondas faits prisonniers furent envoyés à Ste-Foy-la-Grande.

Cette violation de traité méritait un châtiment sévère d'autant plus que rarement jusque-là le serment avait été violé par les habitants de Tonneins. Le roi accourut pour venger ses soldats et châtier les rebelles qui s'étaient rendus coupables de cet acte de rebellion contre l'autorité royale. (Mercure, François de l'époque.)

Le marquis de Montpouillan et le vicomte de Castets prirent le commandement de la garnison que La Force avait laissé à Tonneins-Dessous.

Violents combats sur les tertres de la Gourgue

C'est ici que le duc de la Force, seigneur de Tonneins-Dessus, va montrer une vaillance et un courage surprenants.

Dans des sorties énergiques, il livrera aux troupes royales des combats très meurtriers sur les tertres de la Gourgue, où existait à cette époque un moulin à vent, le moulin de La Roque, de Las Campagnes, sur les ruines d'un ancien château fort et sur tous les environs. Le sol sera jonché de morts et noyé de sang.

Sur les hauteurs qui dominent le ruisseau Caillou et la route de Clairac, les deux partis y laisseront des monceaux de cadavres qui resteront sans sépulture. Puis faisant des progrès à l'Ouest de Tonneins-Dessus, La Force livrera des combats acharnés aux abords d'Entre-deux-Bourgs, des bourgs de l'Egoût et de Cuges.

Nous avons vu dans l'historique de Tonneins que le duc d'Elbeuf, à qui le roi avait donné le commandement de l'armée lorsque il était reparti pour Paris après le siège de Monheurt, s'était rendu maître de Tonneins-Dessous dès le premier jour de l'investissement de la ville attaquée par Thémines, et du bourg de Cuges attaqué par d'Elbeuf, tandis que Tonneins Dessus, plus fort et mieux fortifié, résista très longtemps, que La Force détruisait les barrages que le duc d'Elbeuf faisait construire au confluent du Lot et de la Garonne à Nicole et que La Force était souvent vainqueur dans les furieux combats livrés dans cette localité et sur les côteaux de la Ramière.

Enfin, La Force et Théobon, son lieutenant, auraient peut-être été faits prisonniers si, au dernier moment que d'Elbeuf attaquait la position du moulin à vent, ils ne s'étaient retirés tout à coup à Clairac.

La demi lune disputée âprement

L'affaire de la demi lune qui donnait sur les fossés de Tonneins-Dessus vers le Nord-Ouest faillit être fatale pour les assiégés. La barricade construite avec des barriques fut renversée sur eux par les soldats de l'armée royale et le marquis de Montpouillan, fils de La Force, fut pris par cet éboulement. une heureuse sortie des assiégés le dégagea des mains des assiégeants et la demi lune resta aux troupes protestantes. (Archives. — M. Lagarde.)

Dans cette action, M. de la Reinville, maréchal de camp dans l'armée royale, perdit la vie. Son corps fut transporté au Mas-d'Agenais. Il est enterré dans l'église de cette ville. Une épithaphe est inscrite sur son tombeau où l'on peut encore la voir.

Le bastion oriental fut pris par les troupes du duc d'Elbeuf et repris dans la nuit par les assiégés. Une harangue de ce duc électrisa l'armée royale qui reprit une seconde fois le bastion.

Ruse de La Force pour dégager Tonneins-Dessus

La Force, toujours à Clairac, préparait une ruse de guerre afin de faire lever le siège de Tonneins-Dessus au duc d'Elbeuf.

A la tête d'une petite troupe, il quitte Clairac vers neuf ou dix heures du soir, franchit

La Moncaubet et, suivant la ligne des coteaux à droite, il arrive dans la forêt de la Gautrenque où il s'arrête pour faire reposer ses troupes.

Dès le jour il se remet en marche et s'approche de Tonneins-Dessous espérant attirer sur lui le duc d'Elbeuf et l'éloigner de Tonneins-Dessus.

C'est ce qui arriva. Le duc d'Elbeuf ne comprit pas la ruse de son adversaire. Il marcha contre lui avec de la cavalerie. La Force l'attendait et feignant de battre en retraite il l'entraîna jusque dans la forêt de la Gautrenque tout en lui tuant beaucoup d'hommes. Dès lors une vigoureuse sortie d'une partie des assiégés le harcela. D'un autre côté le reste des protestants qui étaient dans les murs de St-Pierre, voyant le duc s'éloigner de Tonneins-Dessus, imaginèrent une sortie du côté de Clairac dans l'espoir d'y attirer les troupes restées dans le camp, mais au lieu de continuer leur route vers cette ville les assiégés se dirigèrent vers le bastion oriental qui avait si souvent déjà changé de mains. Les protestants mirent les soldats du duc en fuite, brisèrent tout, jetèrent trois pièces de canon dans les fossés et dans le fleuve après avoir brûlé les affûts. Ils pillèrent tout ce qu'ils trouvèrent dans le camp. Profitant de la terreur qu'ils avaient jetée dans Tonneins-Dessous, ils pénétrèrent dans la ville dont les portes étaient restées ouvertes. Cet acte de vengeance mit le duc dans une grande fureur.

Il résolut d'en finir au plus vite et de châtier sévèrement ces ennemis de l'autorité royale. Mais son armée était découragée et le lui montrait. D'un autre côté, le roi blâmait le duc de la lenteur du siège. Il le menaçait de mettre à la tête de l'armée M. le Prince. D'Elbeuf décida d'engager des pourparlers avec les protestants. Après entente une capitulation fut signée entre les adversaires et les protestants obtinrent de sortir avec les honneurs de la guerre et de se retirer à Clairac et à Ste-Foy.

Famine et peste chez les protestants

Les assiégés étaient en proie à deux terribles fléaux, la peste et la famine et ni courage ni résolution n'y pouvaient rien. Le traité qu'ils signèrent leur fut donc très favorable. Ils auraient fini par succomber, tandis qu'ils se retiraient avec de grands avantages.

C'est dans cette action que Monpouillan

et Castets furent blessés mortellement. Ils moururent des suites de leurs blessures trois jours aprés cette capitulation. Ils furent enterrés dans l'Eglise de Bugassat et de là à Clairac comme nous l'avons déjà vu quelques pages plus haut dans l'historique de Tonneins.

Gabriel de Chabrier, officier supérieur dans l'armée royale, fut blessé pendant le siège de Tonneins-Dessus. Il mourut lui aussi des suites de ses blessures l'année suivante 1623 au château de Péloubet, situé à seize kilomètres de Tonneins. Le dernier de ses descendants est mort dans le cours du XIXe siècle. La famille de Chabrier a toujours habité dans la contrée. Le dernier a laissé un legs à la ville de Tonneins.

Mécontentement parmi les troupes royales

M. le Prince s'avançait vers Tonneins à la tête de quatre mille hommes. Les termes de la capitulation et la retraite des protestants à Clairac avaient causé un grand mécontentement parmi les catholiques et les troupes royales. Cette capitulation était jugée par eux comme une insulte, un affront à l'autorité du roi. Le duc d'Elbeuf piqué par ce mécontentement général ordonna tout à coup de mettre le feu aux deux villes qui furent réduites en cendres. Les deux Tonneins disparurent une fois encore de la surface de la terre (1622.)

Quelques mois après le roi un peu apaisé à la suite d'une lettre pleine de déférence et de soumission de Duplessis-Mornay publia le 19 octobre 1622, une déclaration qui maintenait les dispositions de l'édit de Nantes. Il rétablissait les habitants de Tonneins en leurs biens, charges et honneurs, mais il ordonnait en même temps que les fortifications nouvelles seraient rasées et de ne rétablir les deux villes à une distance moindre de cinq cents pas du fleuve.

Si les habitants se fussent conformés à cet ordre, la ville, aujourd'hui, serait plus spacieuse et surtout plus régulière, les rues plus droites et plus correctes, Tonneins s'étendrait plus avant au delà de la gare actuelle tandis que c'est le contraire qui existe. Mais malgré tous les ordres, ils persistaient à reconstruire sur l'ancien emplacement. Aussi le Parlement de Bordeaux ordonna-t-il la démolition des nouvelles constructions. Le commissaire Dusault envoyé par le Parlement, voulut tout concilier. Il offrit un journal de terre aux consuls et jurats pour édifier les nouvelles demeures. Mais son offre fut rejetée. Alors voyant que ses projets n'aboutissaient pas, il repartit pour Bordeaux afin d'en referer au Parlement. Les constructions se continuèrent et Tonneins rétabli, occupa l'ancien emplacement.

Parmi les plus entêtés à reconstruire sur cet ancien emplacement, nous avons relevé le nom de Jean Roudier, maître cordier à Tonneins-Dessus. Il rebâtit sur le chemin venant de Gontaud à la Gautrenque et se continuant du côté d'Aiguillon et de Clairac. Roudier ne fut pas le premier cordier qu'il y eut à Tonneins. Le premier fut Jacques Brocquis qui s'établit cordier vers le XIVe siècle aux abords des Arrières-Fossés à Tonneins-Dessus.

Nouveaux fléaux : XVIIe siècle

Pendant toutes les calamités que venait de traverser Tonneins, au milieu des ruines où s'étaient englouties les deux villes, les institutions municipales n'avaient pas été supprimées et le corps de jurade survivait à l'incendie. Celui de Tonneins-Dessous s'assembla vers la fin de l'année 1622 pour nommer les consuls pour l'année suivante.

Pourtant tous les fléaux n'ont pas disparu avec la guerre. L'hiver de 1623 fut très rigoureux. Il fit tellement froid que la Garonne fut gelée, au point que les voitures purent y passer et que les récoltes furent perdues. Une grande misère s'ensuivit, jointe à la peste qui sévissait à Agen et ses environs.

Poésie. — Arts. — Eloquence.

Malgré tous les carnages et les dévastations les poètes continuaient la tradition des anciens troubadours. La littérature de l'Agenais conserve pieusement le nom des poètes qui ont honoré Tonneins dans ces siècles de troubles et d'anarchie.

Costebadie qui vivait à l'époque de l'incendie des deux Tonneins, en 1622, publia des vers sur cet incendie.

L'architecture, la gravure, la peinture, tous les arts en un mot, faisaient de grands progrès. L'imprimerie également venait d'être inventée et s'apprêtait à vulgariser les chefs-d'œuvre des littérateurs et des savants. La chaire chrétienne faisait entendre les grandes vérités de la religion et les lois de la morale aux peuples et aux rois. La philosophie fouillait le cœur humain, les mystères de la nature et de la création, et posait les principes d'une bonne organisation sociale. La science faisait des découvertes précieuses pour le bien-être de l'humanité. Tout concourait à adoucir les mœurs et à faire l'unité politique afin que la France fut une et indivisible.

Reconstruction des deux Tonneins. Monuments religieux

En même temps que leurs villes, les habitants des deux Tonneins bâtirent deux temples, l'un à Tonneins-Dessus, près de l'église, l'autre à Tonneins-Dessous, dans le cimetière catholique. Nous croyons que ce cimetière était situé à l'emplacement qu'occupe actuellement encore le Vieux-Temple. Plus tard on inaugura un nouveau cimetière aux allées Rozan, où se trouve la Madone.

Ces temples furent interdits à la veille de la révocation de l'édit de Nantes.

Une église fondée par un bourgeois nommé Estève Gourlambeau, fut attachée à St-Pierre. Les consuls de Tonneins-Dessus en étaient les patrons.

Vers la fin du siècle, Antonin Flouret, curé de Tonneins-Dessus, déclare donner une maison pour fonder un Hôpital dans cette ville. Nous n'avons pu découvrir où était situé au juste cet Hôpital.

Améliorations. — Impôts Contrat d'apprentissage

Vers la même époque, les consuls de cette ville font une démarche pour remplacer le pont de bois de l'Ile sur la route d'Aiguillon par un pont de pierre. En même temps les dits consuls dans une réponse à l'intendant déclarent ne connaître comme noble que M. Claude de La Ramière. En effet, M. de La Ramière était alors le seul représentant de la noblesse dans le pays.

En 1683, les deux villes reçoivent le total des sommes imposées : pour Tonneins-Dessus, 6.371 livres ; pour Tonneins-Dessous, 3.439 livres.

Vers la fin du XVIIe siècle, après délibération, le conseil de jurade de St-Pierre fait couper la route de Tonneins à Clairac pour barrer le passage aux voleurs qui ravagent le pays. Le même conseil établit la taxe de la viande de mouton à six sous la livre, et rétablit le marché du mardi.

Nous donnons ici un contrat d'apprentissage passé à cette époque entre Jean Fargues, maître tailleur, et Pierre Coubès. Ce dernier payera 33 livres pendant les deux années d'apprentissage. Il sera nourri et logé par Jean Fargues, le patron.

Reconstruction des deux églises

L'église St-Pierre et Notre-Dame de Mercadil furent reconstruites au commencement du XVIIIe siècle sur leurs anciens emplacements, dans le style ogival. Notre-Dame fut rebâtie par La Vauguyon à qui Mascaron donna son autorisation. Il y avait encore à Tonneins Dessous, près de la porte de la ville, porte Dauphine, une chapelle dédiée à Notre-Dame de Biscarret.

Les clochers de ces églises s'élançaient vers le ciel et semblaient vouloir y entraîner les fidèles. Malheureusement la foi n'était plus si ardente qu'au Moyen-Age et paraissait avoir éprouvé comme un affaiblissement pendant ces affreuses guerres de religion et au contact des controversistes des deux croyances en présence. Ce n'était plus la foi qui faisait agir les antagonistes, mais l'intérêt de la domination des âmes. Ils luttaient pour savoir qui prendrait en mains la suprématie politique et religieuse.

Le sort ne pouvait décider autrement qu'il ne le fit. En présence des mystères du ciel et de l'univers, et si, réellement, on s'appuie sur la révélation, les prophètes et l'Evangile, on reconnaît que c'est le catholicisme qui se rapproche le plus de la vérité ; qui la contient toute ; il est un par sa doctrine, par son dogme et par sa hiérarchie, en un mot, il est le dépositaire de cette révélation et des traditions religieuses depuis sa fondation ; les juifs, par leur égoisme intéressé et n'ayant pas compris les écritures saintes ni la mission du Christ, furent dessaisis à jamais de ce dépôt sacré.

Paroisses annexes à celles de Tonneins

Tonneins-Dessous avait quatre paroisses : Notre-Dame de Mercadil, Saint-Germain de Rivière, Saint-Blaise de Breil, St-Etienne de Gajoufet, auxquelles avaient été jointes sous la seigneurie de Ferréol les églises de Grateloup, de Varès, de Sainte-Marthe et de Saint-Gayrand. Tonneins-Dessus avait trois paroisses : Saint-Pierre de Tonneins, Saint-Georges de Rams et Saint-Sernin d'Unet.

Métiers. — Corporations

Les métiers se développaient ; les corporations s'étant constituées et grâce à leur organisation protectrice, elles avaient donné des résultats satisfaisants. Tonneins qui deviendra sous peu une seule ville, connaîtra alors des temps très florissants et ses habitant un bien-être inconnu dans d'autres contrées. Une bourgeoisie riche et prospère va naître et s'élever à côté d'une noblesse très parsemée dont elle deviendra la rivale et qu'elle supplantera un jour très rapproché.

Déjà, les marchands et les forains étaient très nombreux et jouissaient de grands privilèges. Le tabac va porter son contingent de prospérité à la ville et procurer à la population des avantages précieux. Des corderies, en grand nombre, vont se créer sur le territoire de Tonneins et occuper des emplacements spacieux en beaucoup d'endroits de la ville, notamment à Tonneins-Dessus. Vers 1720, une délibération du Conseil de Jurade donne l'autorisation aux cordiers de travailler sur les chemins et les places.

Malheureusement, ce progrès commercial et industriel éprouvera un arrêt désastreux pendant la période révolutionnaire et ne reprendra son cours heureux qu'après les guerres du premier empire.

Nouvelles mœurs. — L'individualisme

Mais, il faut le dire, après l'incendie des deux Tonneins et la réunion des deux villes, l'individualisme commence à poindre dans le cœur des habitants. Il n'y a plus cet intérêt collectif qui unissait la communauté dans la vie, dans le mouvement, dans la solidarité municipale. Les intérêts individuels maintenant dominent et tendent à absorber tout à leur profit. Les affections réciproques disparaissent et les intelligences ne se développent que pour s'enrichir et s'élever au-dessus des autres. (*Archives.* — M. Lagarde).

La Fronde

Avec Louis XIV, le pouvoir royal va absorber tout, pouvoirs municipaux et provinciaux. Les ordres du roi prévaudront sur tout et partout.

La minorité de ce prince fut l'occasion de nouveaux troubles à Tonneins. La Fronde a quelque écho dans la contrée. Tonneins est frondeur en même temps que beaucoup d'autres villes de l'Agenais. Mais Agen reste fidèle au roi.

Le gouvernement d'Anne d'Autriche et de son ministre Mazarin avait donné lieu à des mécontentements. Le prince de Condé s'était révolté contre ce gouvernement. Il s'était mis à la tête des frondeurs. Son armée et celle du roi restèrent en présence dans l'Agenais pendant toute l'année 1652. Condé fit plusieurs tentatives pour entrer dans Agen. Mais lorsqu'il y entra, il se heurta aux barricades que les habitants avaient dressées dans les rues et le prince courut de grands dangers. De graves nouvelles venues du Nord, le forcèrent à quitter brusquement la ville. La paix ne tarda pas à se conclure. La Fronde était vaincue. Ce fut la dernière guerre civile dans l'Agenais. La France désormais unifiée n'aura plus qu'à combattre l'ennemi du dehors.

Tous les maux qui affligèrent Tonneins pendant la Fronde, furent fortement adoucis par la protection puissante de trois hommes remarquables, maréchal de Turenne, Jean Révérend de Bougy, lieutenant général des armées du roi, Jean François Labat de Vivens, capitaine de compagnie au régiment de Créquy, commandant la ville de Clairac et lequel rendit de grands services dans les diverses missions qu'il remplit dans la contrée. (*Archives.* — M. Lagarde).

Turenne, baron de Tonneins-Dessus

Le maréchal de Turenne était devenu, en 1653, baron de Tonneins-Dessus par son mariage avec Anne Nompar de Caumont, fille du duc d'Arnaud de La Force. Le lieutenant général Jean Révérend de Bougy avait épousé Marguerite de Caussade, héritière de la baronnie de Calonges.

Jurades des deux villes

A cette époque le corps municipal de Tonneins-Dessus se composait de vingt-six membres, savoir : MM. Charles de Lajaunie, Jacques de Larroque, Salomon Farges de Tridon, Jean Farges de Tridon, Abraham Hébrard, Pierre Bourrillon, Salomon Bourrillon, Moïse Bourrillon, Pierre Crugut, Joseph Havard, Mathieu Farges, Salomon Ducasse, Pierre Duprat, Jean Marches, Jean Laperche jeune, Daniel Signac, Sallelles, de Labat, Glory, Jazas de Lassale, de Massac, Bareyre, Pierre Gondes, David Gondes, Raymond de Lagrange-Ferrères, cornette au régiment de Clérambeau.

Le corps municipal de Tonneins-Dessous comprenait vingt-neuf membres, savoir : MM. Claude Drême, avocat au Parlement ; Daniel Desclaux, avocat aussi au Parlement ; Pierre Desclaux, juge royal de Monheurt ; Daniel Ducasse, médecin ; Raymond Roumat ; Moïse Drême ; Jean Nadeau ; Jean Laperche ; Gabriel Pomarède ; Pierre de Laguo ; Théophile Cassets ; Jean Monnereau ; Daniel Tournier ; Gédéon Bauchard ; Pierre Vigneau ; Pierre Colisson ; Pierre Lanes ; Jean Goumois ; Pierre Rogat ; Pierre Ducasse ; Jean Laperche puîné ; Moïse Pélissier ; Jean Tournier ; Pierre de Beaupuy ; Pierre Vergnes ; Jacob Monnereau ; Jean Sourdes ; Jean Escoubès ; Etienne Maresquères.

Tous ces personnages étaient des hommes intelligents et honorables et ont rendu de grands services dans l'administration de leur ville respective.

Dans ces temps de troubles, de luttes et de ruines leur tâche, pour la protection de leurs concitoyens, était rendue très difficile par les divers partis qui se trouvaient en présence.

C'est à peu près en ce temps-là que Jean de Costa, pasteur protestant, fut ministre à Tonneins, 1646. Il prêcha dans cette ville la science de salut, la première épître de saint Paul aux Thessaloniens. Isaac de Costa, son fils, fut pasteur à Unet de Tonneins et mourut à Miramont en 1684. Sa veuve après la révocation de l'Edit de Nantes fut en butte à de nombreuses persécutions et ne parvint à sortir de France que sous un costume de matelot.

Labat Jean, autre pasteur du XVIIe siècle, naquit à Tonneins. Il publia sa thèse inaugurale soutenue à Saumur *De cultu divino ac primum de sablatho Judacïo.*

C'est vers l'année 1680, que la dévote Mme Combalot, duchesse d'Aiguillon, envoya à Tonneins Le Sueur, célèbre controversiste. Ce missionnaire y vint soutenir de fameuses controverses avec les ministres protestants.

Absolutisme royal. — Ses fautes

La gloire et la grandeur de la France porta Louis XIV à l'absolutisme royal. « Si l'erreur ne contenait pas quelques parcelles de vérité, a dit Bossuet, elle ne trouverait jamais des adeptes. » Dans l'idée du devoir royal qui veut que le roi gouverne par lui-même, Louis XIV crut trouver les principes d'absolutisme. Il tomba dans une erreur profonde au sujet du pouvoir des rois, et cet excès devint funeste à la France et à la descendance de ce roi. Il pouvait gouverner sans tomber dans un despotisme intransigeant. Les princes se révoltaient, il n'avait qu'à réfréner ou à châtier leur rébellion et ne pas aller au-delà. La révocation de l'Edit de Nantes, cet édit qui avait pacifié le pays, eut des résultats désastreux pour la France. Toute l'élite intellectuelle des protestants fut obligée de s'expatrier pour se mettre à l'abri des persécutions. Ces protestants portèrent à l'étranger les connaissances qu'ils avaient acquises dans les lettres et les sciences. Beaucoup de familles se convertirent au catholicisme, telles les de Lajaunie et les de Lagrange, soit par conviction, soit pour conserver leurs charges.

Evidemment ce fut un grand et glorieux règne. Les poètes et les génies ne lui manquèrent point. Mais la fin en fut bien attristée par des désastres de toutes sortes. Et Louis XIV laissait, à sa mort, à la tête du pouvoir, pendant la minorité de son successeur, un régent pourri de vices et de corruption, lequel précipita les événements qui devaient aboutir à la plus terrible et sanglante révolution que le monde eût vue jusqu'alors.

On ne supprime pas impunément les traditions d'un peuple, ni les libertés individuelles et sociales. Un jour vient où toutes les fautes se paient chèrement. C'est ce qui arriva en 1791. On jeta la tête d'un roi, innocent et bon, à la tête des rois de l'Europe.

« En même temps que la liberté religieuse, dit un auteur, achevaient de disparaître les anciennes libertés provinciales et municipales. L'Agenais avait autrefois ses Etats. On appelait de ce nom une assemblée composée des représentants du clergé, de la noblesse et du Tiers-Etat. Après que le roi avait fixé la taxe de la province, les états répartissaient ces charges entre les communautés et réglaient les impositions. Louis XIII les avait supprimée dans l'Agenais. Louis XIV ne respecta pas mieux les libertés des villes. Au lieu d'être élu, le maire fut nommé par le roi. La vie municipale se trouva suspendue. Aussi l'histoire de l'Agenais, jusqu'à la fin de l'ancien régime, se réduit-elle à des événements insignifiants, des épidémies, des disettes, des débordements de la Garonne, des entrées solennelles de rois et de princes. »

Tonneins ne fut pas plus épargné que les autres villes. Il fut obligé de se courber devant la main de fer de cet orgueilleux monarque.

Et cependant malgré tout, la ville franchira ce redoutable écueil. Elle se développera quel que soit le joug qui pèse sur elle. Son commerce et son industrie prendront un essor inoui. Le chanvre, le tabac se cultiveront et onduleront sur des champs immenses et des plus fertiles.

Coutumes et droits

Le conseil de Jurade adopte après une longue délibération, la construction d'une route de Tonneins à Clairac, 1759.

Jusqu'à présent les habitants de Tonneins-Dessus étaient régis par les coutumes de Casteljaloux. Dorénavant, la réunion des deux villes ayant eu lieu, ils seront soumis à celles de Tonneins-Dessous. Ces coutumes intéressaient toute la population de la ville et des champs. C'était un code communal et criminel très étendu, sur les marchands, sur les forains, les voleurs, les assassins, l'adultère, les dommages au voisins, aux champs, la police des rues et des chemins. Tout était compris dans ce code.

Déjà nous avons vu que ces coutumes de Casteljaloux avaient été données à Tonneins-Dessus au XIIIe siècle par un seigneur, le duc de Rovinah. Elles réglaient le droit de fourrage, les débits de vin, les charges de bois à donner au Seigneur, le produit des amendes au profit du seigneur et de la ville, le passage des bestiaux du seigneur sur les bords de la rivière et la juridiction lui appartenant. Les habitants avaient le même droit pour leur bétail. Toutefois, ils étaient passibles d'une amende au profit du seigneur et de la ville s'ils étaient pris en contravention. Egalement le seigneur était frappé d'une amende si son bétail causait des dommages à un particulier.

Les droits seigneuriaux se composaient d'un cens pour les registres, instruments, documents anciens et autres que le seigneur était obligé de tenir.

Il y avait aussi le droit de franchise, sur le serment, le droit de péage. Les habitants pouvaient passer en franchise, par terre et par eau, les fruits et marchandises venant de leurs propriétés. Mais s'il y avait fraude sur le droit de péage, il fallait donner double péage au seigneur et dix livres tournois. Le cri public était fait au nom du seigneur et de la ville.

On a vu plus haut que l'adultère était sévèrement puni ainsi que le vol, le meurtre et l'homicide, même par imprudence. La patente d'un cordonnier s'élevait à une paire de savates par an, et se payait pour la fête de Saint-Gayrauld. Celle d'un tisserand six deniers et une pièce de drap au seigneur. Le boucher établi était tenu de payer un droit de patente de six deniers environ.

Les débats entre le seigneur et le bourgeois étaient réglés d'une façon juste et équitable. Si le seigneur avait tort il était condamné comme le premier venu. Les consuls veillaient à ce que le faible obtint satisfaction en justice comme le fort. Si l'habitant cuisait son pain au four du seigneur, il devait un droit de cuisson. S'il allait le cuire ailleurs, il ne lui payait aucun droit.

Les habitants pouvaient quitter la ville en toute liberté et l'étranger y être reçu de même. Le bourgeois disposait de ses biens comme bon lui semblait. Il n'était tenu en aucune façon de prêter ni de donner au seigneur. Celui-ci n'avait nul droit de prendre rien au bourgeois. Mais les habitants étaient tenus de venir en aide au seigneur dans deux cas, premièrement s'il était obligé d'aller outre-mer, secondement si l'ennemi l'attaquait. Dans ce dernier cas il pouvait racheter bourgeois, vilains et chevaux.

Nous ne nous étendrons pas davantage sur toutes les coutumes qui régissaient Tonneins-Dessus. Ce serait trop long. Elles formeraient tout un code civil et criminel.

Tonneins-Dessous avait ses coutumes aussi, rédigées à peu près dans le même genre, mais moins onéreuses peut-être pour ses habitants, puisque Tonneins-Dessus réclama plusieurs fois contre ses coutumes, venues de Casteljaloux, tandis que Tonneins-Dessous ne réclama jamais contre les siennes. Les consuls de cette dernière ville portaient tous leurs efforts à faire respecter et maintenir les franchises municipales qu'ils avaient en dépôt pour le bien-être et la sécurité de leurs concitoyens. Il n'y avait que pour l'adultère, le meurtre et le vol où les consuls ne transigeaient pas. Ils laissaient la justice poursuivre son cours et châtier les coupables. Elle était peut-être un peu trop sévère dans certains cas. Mais c'étaient les mœurs de l'époque qui le voulaient, car à peine sortait-on de la barbarie.

Triste fin du grand siècle de Louis XIV

La fin du règne de Louis XIV fut marquée par des événements douloureux. L'hiver de 1709 fut excessivement rigoureux. La récolte perdue par le froid, la disette s'ensuivit, et elle fut tellement grande que le pain manqua sur la table du roi. Que l'on juge de ce qui en était pour le peuple.

Certainement des faits glorieux eurent lieu lesquels relevèrent les courages abattus. La victoire de Malplaquet apporta dans le pays quelque peu de confiance et le roi s'éteignit dans les rayons de gloire dont son front avait été constamment auréolé au début de son règne, malgré tout immortel.

Pendant la Régence. XVIIIe siècle

Le duc d'Orléans qui fut nommé régent pendant la minorité de Louis XV apporta à la cour des mœurs indignes d'un prince. Son ministre le cardinal Dubois, donna des exemples d'immoralité à son entourage trop facilement préparé à les adopter avec un enthousiaste empressement.

L'homme ne recherchait plus l'amante mais la femme. Les sentiments d'amour ne dominaient plus dans les cœurs. C'étaient les désirs malsains, les passions exaltées pour les plaisirs charnels qui régnaient dans la société. Il s'en suivit une fade galanterie auprès des dames. Tout marchait vers le désordre, vers une catastrophe inévitable.

La philosophie s'était détournée de sa voie féconde et radieuse. Un philosophisme plutôt falot que sérieux sapait sourdement les bases de l'édifice social, croyances, corps sociaux, politique, étaient attaqués de tous côtés et tournés en ridicule. La raison ne refrénait plus les rêves utopiques qui naissaient dans certains cerveaux maladifs ou déprimés. Un faux raisonnement tirait de prémisses mal posées, des conclusions fatales pour la France. Les philosophes dans une langue insinuante et ironique emportaient les foules vers des régions chimériques et sans cesse inaccessibles pour une société qui cherche sa voie.

Certes il y avait beaucoup d'abus

Sans doute de nombreux abus s'étaient glissés dans tous les corps sociaux. Le besoin d'une réforme profonde se faisait grandement sentir. Des voix sérieuses et autorisées dénonçaient tous les jours ces abus. Mais le pouvoir central, la cour, le Parlement, les ministres, la noblesse, le clergé comme les chefs des corporations, restaient sourds à ces avertissements. Il fallait qu'un cataclysme eût lieu pour que les yeux et les oreilles s'ouvrissent. C'est ce qui arriva bientôt. Mais la Révolution de 1789 emporta tout dans son cours marqué du stigmate indélébile du sang de ses victimes.

Oui, une réforme générale se faisait sentir. A Tonneins les corporations des cordiers, des bouchers, des cordonniers et des forgerons étaient pourries d'abus. Il aurait fallu supprimer ces abus sans détruire le principe des corporations qui était une garantie et une protection pour l'ouvrier. On sait que pour être reçu ouvrier et maître il fallait présenter un chef-d'œuvre. Pendant la Révolution la loi Le Chapelier fit table rase des corporations et décréta la liberté du commerce et du travail. C'était la porte ouverte au capitalisme et au capitalisme cosmopolite, en même temps qu'on supprimait toute protection pour l'ouvrier. Désormais, le travail allait rester désarmé en face du capital, disons mieux, le salariat isolé et faible va devenir la proie d'un capital puissant et redoutable.

L'édifice protecteur détruit, il fallait trouver quelque chose de nouveau et de meilleur pour édifier la société sur de nouvelles bases plus solides.

En effet, le progrès se développant par l'apparition du machinisme, les petits métiers, la petite industrie et le petit commerce disparaissaient progressivement. La grande industrie et le grand commerce absorbaient dans leurs mains puissantes toutes les branches de l'activité nationale et l'ouvrier ne pouvait plus lutter contre le Moloch moderne qui le dévorait. Esclave du capital, il sentait une sourde révolte bouillonner en lui.

On s'en aperçut. Il fallait trouver un moyen pour l'apaiser et lui laisser entrevoir qu'on allait le protéger.

Ce moyen fut vite trouvé.

Devant le fait nouveau qui semait la ruine et la misère dans les couches profondes de la nation, le second empire décréta le droit à la grève pour l'ouvrier lésé dans ses intérêts. Faible palliatif qui ne faisait que grossir le mal au lieu de le guérir.

Qui souffre d'une grève ? L'ouvrier tout le premier. Il perd le bénéfice d'un salaire dont le besoin se fait sentir chez lui pour la subsistance de sa famille. Tandis que le monde du capital s'il perd ses revenus, du moins il peut attendre des jours meilleurs sans souffrir de la faim. Il est à l'abri de la misère qui guette l'ouvrier sans travail.

Une nouvelle législation était donc nécessaire pour remédier à tous ces systèmes peu efficaces. On établit le syndicat, mais avec le syndicat on allait encore ouvrir la porte à de nouveaux abus. Le syndicat tel qu'il est établi poursuit des visées plutôt politiques que professionnelles, et les meneurs s'en emparent pour leurs intérêts personnels.

Les syndicats qui, comme les corporations devraient s'occuper des questions professionnelles et être une institution pour veiller sur les intérêts du travailleur, est souvent détourné de son but par les pêcheurs en eau trouble qui cherchent à prolonger le malaise et les conflits pour en profiter. L'union intime du capital et du travail est une question nécessaire et urgente pour la prospérité sociale. Aucun antagonisme ne doit exister entre eux. L'intérêt de l'un est intimement lié à l'intérêt de l'autre :

Aujourd'hui le patronat n'a aucun respect pour le salarié ni celui-ci pour le patron. Aucun lien d'affection ne les lient. L'un paie, l'autre fournit le travail, après quoi ils sont libres l'un envers l'autre.

Cela ne peut durer ainsi. Il faut mieux que tout cela. Les sentiments d'affection réciproque doivent lier les parties, autrement tout craquera aux divers frottements. Il y a quelque chose de plus élevé que l'intérêt personnel et le droit, c'est le devoir social !

Evidemment, il faut de forts capitaux pour créer les grandes industries, et les grands commerces modernes, mais si le capitalisme a des droits, il a aussi des devoirs à remplir tout comme l'ouvrier, et quand le devoir est rempli le droit est acquis. Donc, c'est l'éducation qui fait défaut aux deux côtés à la fois. On a trop parlé des droits et pas assez des devoirs aux partis en présence.

Avant de passer aux événements qui se sont déroulés pendant et après la période révolutionnaire, nous allons donner le nom des personnages qui ont joué un rôle dans l'histoire de Tonneins dans le cours du XVIIIe siècle et parler des choses qui eurent lieu en ces temps-là.

Souvenirs d'avant la Révolution

Nous avons déjà dit qu'une banque existait à l'angle de la rue de la Gourgue et de la route de Clairac. Il nous reste à dire ce qu'était cet établissement.

Fondée vers l'année 1733, cette banque devint par la suite un établissement louche et interlope. Une bande de bandits avait des accointances avec cette maison financière. Ces bandits arrêtaient les gens pour les voler et les assassiner dans le petit chemin qui part du pont de la route d'Aiguillon pour aboutir à la route de Clairac, puis leurs méfaits accomplis, ils allaient trafiquer le produit de leurs larcins à cette banque en relation avec eux. Elle cessa d'exister au commencement du XIXe siècle.

En 1740, s'éteignit en son château le sieur de Lajaunie. Il fut enterré dans la garenne de sa demeure. Nous avons relevé sur sa pierre tombale l'inscription suivante : « Ici repose messire de Lajaunie, écuyer et seigneur du même nom. 1740. »

Certaine tradition locale, et pour nous erronée, veut que M. de Lescun soit enterré sous la maison Médail à Las Campagnes. Cela nous paraît peu vraisemblable. En effet, comment supposer que M. de Lescun, blessé mortellement à la bataille de Pavie sous François 1er soit venu mourir à Tonneins. Il doit y avoir sans doute confusion de nom. Nous pensons que les cendres qui sont enfouies sous la maison Médail appartiennent plutôt à Lescun qui fut jurat de Tonneins vers la fin du XVIIIe siècle.

En 1758 eut lieu la réunion de Tonneins-Dessus et du Marquisat de Callonges à Tonneins-Dessous. Antoine, Paul, Jacques de Quelen de Stuer de Caussade, comte de La Vauguyon fit ériger Tonneins en duché pairie, époque qui coïncide avec la reconstruction de l'église- Notre-Dame. La cure de cette église fut érigée en archiprêtré. (Archives)

La peste en 1771 désole Tonneins. Des familles entières succombent. Une terreur folle s'empare des habitants, les esprits sont frappés d'épouvante et l'on croit que des sortilèges sont jetés sur la population.

Le mal empirant de jour en jour, deux médecins MM. Laperche, père et fils, combattent inlassablement le fléau. Ils sont obligés de solliciter des secours d'ailleurs pour diminuer l'intensité du mal, les ressources étant épuisées à Tonneins.

Dans l'espace de deux mois les quatre paroisses suivantes, St-Pierre de Tonneins, Unet, Bugassat et St-Georges de Rams, comptent plus de huit cents décés, les protestants non compris dans ce chiffre.

Nous relevons dans la Bibliographie de l'Agenais la biographie suivante d'un grand poète qui a appartenu tout autant à Tonneins qu'à Clairac par les relations suivies qu'il avait au Bousquet, propriété de M. de Venès, avec Mme Cottin la grande romancière.

« Audebez Jean, poète et littérateur, né en 1746 à la Moncaubet, entre Tonneins et Clairac, mort en 1824. Il s'était entouré d'amis éclairés qui formaient ainsi dans sa propriété de la Moncaubet une sorte de cercle littéraire. L'existence d'Audebez fut une existence sereine et il donna le meilleur de sa vie à la culture des lettres. Sous la terreur, il fut décrété d'accusation, mais il parvint à se soustraire à toutes les recherches. Il avait des relations littéraires avec Mme Cottin qui chaque année le rencontrait au château du Bousquet, propriété de son oncle, M. de Venès, et terre presque voisine de la Moncaubet. Audebez publia plusieurs ouvrages et fit recevoir à la Comédie Française une tragédie « Abimélech » éditée par Renault, Paris 1776. »

Castéra d'Artigues, né à Tonneins en

1749, mort au château d'Artigues en 1838. Il fut un poète gracieux, un littérateur élégant. Ses écrits furent très appréciés.

Voici la grande figure de Mme Cottin. Nous donnons sa biographie telle que nous la trouvons dans la Bibliographie de l'Agenais.

« Mme Cottin, née Risteau, romancière ne naquit pas à Tonneins comme on se plaît à le croire par erreur. Elle vit le jour à Paris en 1770 et y mourut en 1807. L'erreur vient des fréquents séjours qu'elle faisait chez son oncle et parrain, Jean-Baptiste Vénès, propriétaire du château du Bousquet près Tonneins. L'auteur de *Claire d'Albe* n'appartient donc à cette ville que par les longs repos qu'elle y prenait et par l'heureuse inspiration qu'elle puisait sous les frais ombrages du Bousquet. »

Imbert, docteur en médecine, à Tonneins, participa aux travaux de l'Académie de Bordeaux. Il publia des ouvrages sur les épidémies qui sévirent à Tonneins pendant les années 1746-1747 et pendant l'été et l'automne 1771-1772. Mort en 1782.

Nous mentionnons ici le nom de l'une des premières victimes de Jouan le Jeune et de son sinistre ami Dubois, maire de Tonneins pendant la Terreur. Cette victime est Lagarde André, pasteur, né en 1755, mort en 1815. Président du Consistoire de l'église réformée de Tonneins, ce pasteur fut en butte à la haine des deux terroristes. La persécution dont il eut à souffrir en 1793 avait une origine connue. L'âme damnée de Jouan, l'ex-maire Dubois, devenu pasteur protestant, voulait partager les émoluments que touchait le ministre Lagarde. Le Consistoire consulté ayant refusé de recevoir les prétentions de Dubois, le pasteur Lagarde fut accablé de libelles les plus violentes de Jouan et de Dubois.

Laperche fils, médecin né à Tonneins en 1701, mort en 1782, fut membre correspondant de l'Académie de Bordeaux et laissa sept mémoires classés dans le t. XIII des archives de Bordeaux.

Larroque Paul, mathématicien, né à Tonneins en 1725 et membre de l'Académie de Bordeaux. Ses premières études furent très négligées, mais il les reprit lui-même et par un travail opiniâtre et assidu, il parvint sans maître à acquérir des connaissance très étendues. Il publia de nombreux ouvrages à Bordeaux où il mourut en 1792.

Pierre Louis de Massac, né à Unet près

Tonneins, en 1728, mort en 1780, fut un agronome et un littérateur distingué. Nommé avocat au Parlement de Paris, il abandonna bientôt le barreau pour se consacrer aux lettres et publia plusieurs ouvrages sur l'amitié et l'amour, le mariage et les femmes.

Son frère Raymond, financier, fit éditer des œuvres sur les finances.

Vénès Antoine, né au Bousquet près Tonneins en 1756, mort en 1799, fut l'auteur d'un curieux factum qui contenait deux lettres, l'une adressée au Président, l'autre à l'accusateur public du tribunal criminel de Lot-et-Garonne, en faveur du sieur Lisle Réau de Tonneins, âgé de 25 ans. Ce jeune homme était accusé d'avoir tué en duel sans témoins le sieur Sazy, clerc tonsuré, originaire du Mas-d'Agenais.

Vénès Antoine était le fils de Jean-Baptiste Vénès oncle de Mme Cottin. C'est chez ce dernier que la célèbre romancière passa son enfance ce qui a fait croire qu'elle était de Tonneins.

Nous donnons ci-dessous le nom des divers seigneurs qui ont gouverné, ou habité Tonneins-Dessous depuis le XVIe siècle.

Louis de Stuer de Caussade devint baron de Tonneins-Dessous par suite de la mort de son père, François de Stuer et de son frère Paul de Stuer, comte de Saint-Maigrin, mignon de Henri III et qui fut assassiné en 1578 en sortant du Louvre. Louis de Stuer de Caussade épousa Diane Descars, fille unique et héritière de Jean de Pérusse-Descars, comte de La Vauguyon, prince de Carency. Par ce mariage les biens et les titres de la maison de La Vauguyon de Carency entrèrent dans la maison de Stuer de Caussade. Par conséquent, désormais c'est le nom de La Vauguyon qui figura dans la seigneurie de Tonneins-Dessous.

Louis de Stuer mort, son fils Jacques de Stuer de Caussade, comte de La Vauguyon, lui succéda. Il épousa en 1607, Marie de Roquelaure.

Un duc de La Vauguyon, lieutenant général, né à Tonneins en 1705, mort à Versailles en 1772, combattit vaillamment à Fontenoy où il décida du succès de la journée. Il fut chargé de l'éducation du duc de Bourgogne, et devint précepteur de trois princes qui régnèrent plus tard sous les noms de Louis XVI, Louis XVIII et de Charles X.

Le duc Paul de La Vauguyon, administrateur, fils du précédent, né à Tonneins en 1746, mort à Paris en 1828, fut attaché à la cour comme un des *menins* du dauphin, plus tard Louis XVI. Il prit part à la guerre de sept ans sous le nom de duc de Maigrin. Il devint ambassadeur, maréchal de camp, ministre des Affaires Etrangères en 1789. Après la prise de la Bastille, il retourna ambassadeur à Madrid. Rentré en France en 1815, il fut appelé à la Chambre des Pairs par Louis XVIII qu'il avait sauvé dans une conspiration contre le Directoire. Il a publié des ouvrages sous une forme épistolaire. (Bibliographie de l'Agenais).

Son fils aîné, Maximilien Casimir de La Vauguyon, né en 1768, mort en 1824, fut parjure à ses traditions royalistes. Débarrassé de tout scrupule de conscience il devint traître à la royauté. Après avoir participé, dans l'émigration, à tous les complots et intrigues royalistes, il vendit au Directoire tous les secrets qu'il possédait.

Fin de l'ancien régime. 1789

L'ancien régime touchait à sa fin. Des temps nouveaux se présentaient à l'horizon. La France allait connaître des jours sinistres. Un grand orage grondait sur sa tête, et la noblesse déchue restait indifférente devant les grondements qui se faisaient entendre. Elle vivait insouciante du lendemain, menaçant pour elle, dans une cour frivole et corrompue, gangrenée jusqu'à la moëlle.

Les nobles avaient déserté leurs terres et demandaient toujours plus de revenus à leur fermiers pour subvenir à la vie dispendieuse et désordonnée qu'ils menaient à la cour ou à Paris.

Ils ne voyaient pas qu'une bourgeoisie puissante, riche, active et intelligente avait grandi et était pressée de s'emparer des affaires publiques. D'un autre côté, les abus étaient criards et avaient envahi tous les corps sociaux. Le haut clergé lui-même avait déserté sa noble et sainte mission. Seul, le petit clergé, vivant pauvrement auprès du peuple, avait conservé la tradition des vertus sacerdotales et les principes de charité.

Une réforme profonde était nécessaire, urgente, pour remédier à tous les maux dont souffrait la Société.

De tous côtés on demandait la convocation des Etats généraux. Les esprits sains et sérieux se figuraient que ces Etats-Généraux porteraient le fer dans la plaie qui rongeait la France, qu'ils rénoveraient la société sur des fondements de justice et de liberté.

Cela aurait pu se faire si des esprits tourmentés et pleins d'ambition ne s'étaient pas emparés du mouvement social qui se dessinait dans tout le pays.

Depuis longtemps la centralisation administrative avait absorbé toute la vie politique et économique de la France. Toute initiative provinciale et municipale avait été étouffée par le pouvoir central. La province et la commune n'étaient plus rien. La Révolution éclata. Le roi, cédant à l'impulsion du pays, convoqua les Etats-Généraux.

Les Etats-Généraux — La Révolution

Jacques de Lafitte, lieutenant général, dirigea les élections qui durèrent un mois.

Dans l'Agenais, la noblesse désigna trois députés, le duc d'Aiguillon, le marquis de Bourran et le marquis de Fumel-Monségur. Le clergé choisit l'évêque d'Agen, d'Usson de Bonnac ; le curé de Montastruc, Malateste de Beaufort ; et le curé de Puymiclan, de Fournetz, en tout pour les deux ordres, six députés. Le Tiers-Etat nomma six députés également, savoir : Daubert, juge royal à Villeneuve ; Escourre, avocat à Libos; Renaut, avocat à Agen ; de Bellisle François, cultivateur-bourgeois à Clairac ; Termeon, bourgeois-cultivateur, à Marmande. Les deux premiers ordres se joignirent au Tiers Etat. Ils montrèrent ainsi un désintéressement qui témoignait en leur faveur.

Dans l'Agenais, en effet, il existait un certain libéralisme dans le clergé et la noblesse que les autres contrées ne connaissaient pas. Les relations entre les trois ordres avaient toujours été très suivies. On sait que c'est le duc d'Aiguillon qui fut le premier à demander dans la nuit du 4 août 1789 l'abolition des droits féodaux. « Il faut poursuivre, s'écria-t-il, la destruction du monstre dévorant de la féodalité ! » Aussi la Terreur fit-elle moins de victimes dans le pays que partout ailleurs. C'est grâce à l'intervention du conventionnel Paganel, ancien curé de Nouillac, que l'évêque d'Agen et le grand savant Lacépède ne furent pas guillotinés. Nous avons puisé ces derniers renseignements dans la savante monographie de Rayeur.

Le décret du 15 janvier 1790, substitua

le département de Lot-et-Garonne à la dénomination de l'Agenais. La France dès lors n'était plus divisée en provinces ou par régions, mais par départements.

Le sinistre Jouan le Jeune et son ami Dubois

C'est l'époque où entre en scène le sinistre Jouan le Jeune. Esprit tourmenté et inquiet, ambitieux au-delà de toute mesure, le citoyen Jouan voit des conspirateurs partout et il adresse sous la Terreur, au Comité de Salût public, plaintes sur plaintes pour dénoncer des suspects. Il fait emprisonner les meilleurs citoyens, s'empare des biens, des maisons, et réquisitionne les églises dont il pille les objets précieux. Beaucoup de gens de Tonneins, lors de la vente des biens nationaux, s'enrichissent par l'achat, à très bon compte, de ces biens dont on a dépouillé les vrais propriétaires.

Le complice de Jouan le Jeune, le fameux Dubois, ancien dominicain, devenu un farouche révolutionnaire et maire de Tonneins, après avoir jeté son froc aux orties, le seconda dans toutes les sinistres besognes.

Et cependant malgré leurs méfaits, leurs

vols, leurs bassesses, ces deux chenapans comptent encore des amis qui les félicitent parmi les citoyens les plus honorables. Il est vrai que beaucoup firent entendre des protestations indignées sur la conduite de ces deux individus sans conscience. Mais alors ces protestataires sont jetés en prison contre toute justice, tel que Roux, perruquier.

Jouan le jeune voulait élever une montagne sur la place du château et Tonneins aurait porté dès lors le nom de Tonneins-la-Montagne.

Soutenu par la politique des cordiers, sorte de petit comité de salut public, et par ses amis Desclaux — Latapone, Lamothe, Tamisé de Gontaud, Bréjan et Aubié, Jouan se permet tout et poursuit d'une haine implacable les citoyens Crèbessac, Farcit, Roux qui faillit être assassiné en sortant de la maison commune par les complices de ce tyran.

Enfin, il s'empare de l'argenterie des églises du district, dont lui fait remise le citoyen Lassuderie comme offrande patriotique. Il fait main basse sur la maison du guillotiné Drême et la fait réparer avec des matériaux qu'il vole. Il élève une pyramide sur la place de la liberté avec des pierres prises au cimetière. La farine, le riz, les féves destinées aux populations sont détournés de leur destination et transportés chez lui.

Nous croyons bien faire de donner ci-après la biographie de Jouan le Jeune telle que nous la relevons dans la Bibliographie de l'Agenais et laquelle caractérise fidèlement ce que fut au juste ce terroriste tonneinquais.

« Jouan Pierre, dit Jouan le Jeune, né à Tonneins en 1756, mort en 1815, fut instituteur. Il débuta d'abord à Clairac comme magister adjoint, puis il alla exercer quelque temps à Nicole. Jouan le Jeune terrorisa Tonneins de 1791 à 1794. Devant ce tyran tremblait toute la population. Il fait emprisonner tous ceux qui ne pliaient pas à ses caprices et décréta la réquisition des églises. Il avait servi pendant sept ans dans l'armée. L'appui de M. Peinaut, grand vicaire d'Agen, lui procura l'emploi de secrétaire du marquis de Flamarens, incarcéré à Toulouse en 1792. Les idées nouvelles trouvèrent en Jouan le Jeune un fervent prosélyte. Associé à Dubois, ex-dominicain, alors ministre protestant, il ne tarda pas à acquérir une influence considérable.

En 1793, Jouan le Jeune changea son nom pour celui de *Marat* que venait de lui décerner d'enthousiasme la commune de Puch et donna à ses enfants les noms de *Pétion* et de *Pétionne*, fantaisie qui ne fut pas admise. Il se mit en lutte ouverte avec le Directoire et fut intimement lié avec Carra, Hébert, Chaumette, Lacombe et Robespierre dont la chute précéda de très peu la sienne.

Aux jours les plus troublés de la période révolutionnaire, Jouan publia plusieurs écrits anonymes. A la chute de ses amis Robespierre et consorts, il fut arrêté à son tour et conduit à Agen, en 1794. Les gendarmes qui l'accompagnaient eurent toutes les peines du monde à le protéger contre la fureur populaire, surtout à Aiguillon, une foule de femmes voulaient le mettre en pièces.

Pierre Jouan a publié : *Fruit de mes lectures* ; *Un mot aux prêtres* ; *Deux mots aux prêtres*, violents libelles diffamatoires ; *Discours prononcé sur l'autel de la patrie le jour de la fête de la Raison* ; *Les confessions de*

Pierre Jouan actuellement dans les prisons d'Agen.

Cette dernière pièce débute ainsi : « C'est à présent que je puis mesurer la profondeur de l'*abyme* où m'ont précipité mon ambition et toutes passions que j'ai servies tour à tour... Plongé moi-même dans le séjour du crime, dans lequel j'ai fait gémir tant d'excellents patriotes, tant de victimes innocentes de nos fureurs, je suis à portée de me convaincre de l'existence de cette Providence divine que j'ai publiquement outragée, en lui faisant dans la société Populaire, le défi de m'écraser de sa foudre impuissante. Je vois bien qu'elle ne laisse pas le crime impuni. »

Les trois chansons qui terminent le recueil sont d'une facture assez singulière et du style ampoulé de l'époque.

Pendant ces temps troublés, les habitants de Tonneins-Dessus, de Bugassat et de Saint-Georges envoyèrent une adresse au sieur Théodore de Romefort, curieuse pièce qui était une réplique à une adresse relative au commandement du régiment patriotique de Tonneins et à la formation des municipalités. (*Archives départementales*).

En l'an III avait paru une plaquette signée Kalinowki Etienne, poète, pseudonyme qui devait probablement cacher le véritable nom de l'auteur. Elle rendait compte du jugement qui avait acquitté Paul Carmentran, né à Tonneins, accusé de propos contre-révolutionnaires. (18 Vendémiaire).

L'imprimerie à Tonneins

C'est pendant la période révolutionnaire que Tonneins connut pour la première fois l'imprimerie. Jusqu'alors, il n'y avait point eu d'imprimeur dans cette ville.

Vers 1795, un typographe de Callonges, nommé Tronche, vint s'établir à Tonneins où il imprima divers écrits fort curieux. Mais Jean Tronche ayant transféré son matériel d'imprimerie à Libourne en 1816, Tonneins resta sans imprimeur jusqu'à la venue de G. Blancal qui s'installa dans notre ville en 1876 et qui y fonda *La Chronique*. Une demande en brevet présentée en 1831 par un sieur Frézières avait été formellement rejetée.

L'honneur dans l'armée

Après toutes les ruines, tous les deuils semés par la Révolution, la France poursuit lentement sa marche en avant. A peine le sang inondant le pavé des rues de beaucoup de villes a-t-il été lavé par les torrents de pluie qui ont eu lieu, que le pays cherche à se relever et se met à l'œuvre pour reconstruire l'édifice social, fortement ébranlé, sur des bases nouvelles et modernes.

Et cependant en dépit de toutes les ruines, de toutes les misères, de tous les crimes qui se sont commis dans le pays, l'honneur n'a pas complètement disparu. Il vibre encore intact au fond de nombreuses consciences, et l'armée de la Révolution le portera sur les champs de bataille. Les soldats, pieds nus et mourant de faim, accompliront des prodiges d'héroïsme qui frapperont d'admiration toute l'Europe effrayée. Jemmapes, Valmy, sont des souvenirs glorieux qui resteront toujours chers à nos cœurs de Français. Un officier de fortune, mais au vaste génie, promènera le drapeau victorieux de la France à travers le monde dans une épopée sublime qui surpassera toutes les épopées guerrières connues jusqu'àlors. Et quoi que l'on dise, quel que soit le mal qu'il ait pu faire, cet homme a rendu de grands services à la patrie meurtrie par l'anarchie révolutionnaire. C'est lui qui a relevé les courages abattus, les édifices sacrés, les fondements d'une société basée sur des principes d'ordre et de morale qui n'existaient plus depuis bien des années.

Napoléon fut l'homme providentiel d'une époque tourmentée et troublée. Et s'il a fait verser des flots de sang sur les champs de bataille, on doit l'excuser en partie en pensant que l'Europe le harcelait continuellement et ne lui laissait aucun repos. Il fut souvent obligé de faire la guerre poussé par les ennemis de la France qui le haïssaient comme l'usurpateur d'un trône auquel il n'avait aucun droit par le sang ni par la race.

Tonneins avait balayé tous les despotes qui l'avaient terrorisé durant la Révolution.

Ses anciens maires, Jouan le jeune et Dubois ne pouvaient plus nuire à la population avide de tranquillité et de travail.

Maintenant M. de Romefort administrait la ville comme maire, assisté d'un conseil municipal.. Il avait pour secrétaire de mairie, Albert Philippe, poète et littérateur, mort à Tonneins en 1831. Albert fut longtemps aussi secrétaire et lecteur de M. d'Arbanère qui devint maire de Tonneins.

Le poète Albert Philippe laissa quatre ouvrages dont deux seulement furent imprimés en Agenais : « La Nouvelle ligue ou la chute d'un tyran », poème imprimé par Tronche à Tonneins, 1815. — Recueil de phrases vicieuses à l'usage des élèves de l'un et de l'autre sexe. Imprimerie Quillot, Agen, 1823. Les poésies d'Albert ont de la facilité et de la grâce.

La terreur blanche. — Ses suites

Après la chute du premier empire, les excès de la terreur blanche dans les premières années de la Restauration, ne semblent pas avoir laissé de grandes impressions à Tonneins. Mais l'imagination ardente de la population se forgeait des idées chimériques dignes d'un autre temps. Pendant longtemps encore la population vit partout des revenants, des sorciers, des serpents volants qui peuplaient les environs de la ville et ne se révélaient que le soir à la nuit. Les gens s'armaient alors de fusils, de haches, de faux et se mettaient à la poursuite de ces mythes qui s'évanouissaient quand on croyait les tenir.

Toutes ces fables, nées dans les cerveaux faibles d'esprit, ont heureusement disparu de nos jours et peu de personnes croient aujourd'hui aux sorciers et aux revenants.

Industries au XIXe siècle

A cette époque une grande faïencerie, occupant un certain nombre d'ouvriers, existait à Tonneins-Dessus, dans le quartier dit des Bergeret. On y fabriquait de la faïence sur trois quilles. La terre, qu'on extrayait dans une carrière attenante à l'usine, était très favorable à cette fabrication. Cette faïencerie disparut entre 1820 et 1830.

A coté de l'emplacement où était cette usine, s'élève sur un tertre un pigeonnier construit sur pilotis. Nous croyons que cet antique pigeonnier appartenait autrefois à un nommé Tyssière qui par un mariage s'allia à la famille de Lagrange. Il est presque probable que ce pigeonnier marquait la limite des seigneuries de Tonneins-Dessus et celle de Pradet. Mais aucune preuve ne vient confirmer d'une façon positive cette supposition.

Il est à remarquer que vers le même temps qu'existait la faïencerie, une grande tannerie était établie dans le quartier St-Pierre, à

Tonneins-Dessus. Elle occupait tous les immeubles qui furent acquis plus tard par M. Redon, négociant en prunes. M. Martinet dirigeait cette tannerie qui cessa d'exister dans la première moitié du XIXe siècle.

Le tabac. — La manufacture.

M. Arbanère succéda à M. de Romefort comme maire de Tonneins. Historien et littérateur distingué, il administra la ville de 1824 à 1831. Tonneins lui doit beaucoup. Arbanère rendit de très grands services à cette localité. C'est grâce à ses démarches, à celles de M. Lagarde devenu l'ami intime de M. de Martignac et aussi à l'intervention de ce dernier que la manufacture des tabacs ne fut pas supprimée à cette époque. Notre manufacture a été plusieurs fois menacée de disparaître dans le cours du XIXe siècle. On doit beaucoup aussi à M. Desclaux qui par son énergie et son dévouement à la cause de la population parvint à la maintenir dans notre ville. Ces honorables et dévoués personnages ont préservé Tonneins de cette calamité, qui aurait plongé un grand nombre d'ouvriers et d'ouvrières, y travaillant, dans la plus atroce misère. Le personnel était sous la surveillance d'officiers pendant les premiers temps du XIXe siècle.

M. Lagarde ayant été un de ceux qui sont intervenus en cette affaire donne, dans *ses Recherches Historiques sur la ville de Tonneins*, des détails très intéressants sur l'origine de la manufacture et la fabrication du tabac. Nous croyons utile de reproduire ces détails :

« La fabrication du tabac fut la principale branche d'industrie à laquelle les habitants de Tonneins durent le rétablissement de leur ville. Il serait difficile d'assigner l'époque où le tabac commença à être fabriqué à Tonneins ; mais on peut affirmer que dès le milieu du XVIIe siècle il existait dans cette ville des compagnies qui cultivaient, achetaient et fabriquaient le tabac, et qui fondèrent la renommée du tabac à Tonneins

Cette renommée était pleinement établie en 1721, lors du nouveau bail en faveur de la ferme générale. C'est à elle que Tonneins fut redevable de l'établissement d'une manufacture royale dans ses murs. Ce fut pour ses habitants une juste indemnité de leurs anciens malheurs et une récompense de leur industrie.

La mesure qui donna à la ferme le privilège de la fabrication du tabac fut le résultat d'une longue expérience. Le tabac était connu en France depuis 1560 ; sa culture et son usage se répandirent peu à peu dans le royaume et ce ne fut qu'après un siècle et demi et après les ministères de Sully, de Richelieu et de Colbert, que l'on s'arrêta définitivement à l'idée de la ferme et des manufactures royales et que l'on mit ce projet à exécution.

Les villes qui obtinrent alors des manufactures furent : *Paris, Le Havre, Morlaix, Dieppe, Tonneins, Toulouse, Cette, Valenciennes et Nancy.*

Il est remarquable qu'au nombre de ces villes, il ne s'en rencontre que deux grandes: Paris et Toulouse.

On eut égard à la centralité et à la proximité des rivières, à cause de l'économie et de la facilité des transports. On considéra aussi l'économie dans la main-d'œuvre, économie toujours plus grande dans une petite ville. On observa surtout la direction de l'esprit industriel. On reconnut qu'il y avait beaucoup plus à attendre d'une petite ville, dont toutes les facultés étaient dirigées vers la fabrication du tabac, que d'une grande ville dont la population s'était livrée à d'autres travaux.

Le gouvernement n'eut pas lieu de se plaindre du choix qu'il avait fait de Tonneins : la population encouragée se livra tout entière au tabac. D'excellents ouvriers se formèrent, les traditions s'établirent et le succès le plus complet répondit à ces efforts.

C'est ainsi que le tabac de Tonneins mérita cette réputation qui le plaça au-dessus de tous les autres. On peut dire que cette réputation devint telle que la manufacture de Tonneins donna à elle seule plus d'éclat, plus d'importance et plus d'argent à cette branche de la ferme que toutes les autres manufactures de France réunies. Tonneins devint la ville du tabac, comme Bordeaux la ville du vin, comme Lyon la ville de la soie.

On a cherché à connaître les causes de cette supériorité du tabac de Tonneins. La tradition a conservé le fait suivant : en 1758, M. Sabatier, étant à la tête de la manufacture, la ferme générale voulut faire constater la qualité supérieure des tabacs fabriqués à Tonneins et en faire rechercher les causes. Après avoir mis en fabrication dans trois manufactures, au nombre desquelles était celle de Tonneins, des quantités égales de feuilles de tabac de même qualité et de même poids, elle fit procéder à la vérification des produits et il fut constaté que le tabac fabriqué à Tonneins avait en qualité, et en poids, une supériorité marquée sur les autres. Des chimistes furent consultés, et ils attribuèrent cette différence notamment aux eaux de la ville. Mais la vraie raison de cette supériorité, c'est le talent de l'ouvrier. Il en est des villes comme des individus. Chaque peuplade naît avec son aptitude particulière, et chaque homme avec son génie intime. C'est une dispensation de la providence.

La manufacture de Tonneins avait alors pour circonscription la Basse-Guienne, la Gascogne et le Béarn, et comme le gouvernement avait laissé le champ libre à la concurrence et permettait à chaque manufacture de suivre dans la fabrication ses procédés particuliers et d'inscrire son nom sur ses vignettes, la manufacture de Tonneins avait la vogue et pouvait à peine suffire aux demandes des entrepôts de France et de l'étranger. Il en résultait pour le gouvernement des bénéfices énormes et cet avantage moral que procure le succès de l'industrie nationale, et pour la ville une prospérité incalculable. Douze cents ouvriers étaient constamment occupés à la fabrication du tabac : l'artisan était employé presque sans relâche pour les besoins de l'établissement. Le propriétaire trouvait dans cet état de choses la vente de ses denrées, la location de ses maisons. Il y avait évidemment avantage immense pour tout le monde.

Le privilège de la ferme générale fut aboli en 1792 et la culture, la fabrication et le commerce du tabac devinrent entièrement libres.

La liberté de la culture jointe à celle de la fabrication, enfantèrent à Tonneins de véritables prodiges. L'industrie s'était accrue de l'expérience d'un siècle et demi. Cinq manufactures particulières s'établirent. Elles fabriquèrent ensemble deux millions de kilogrammes par an, occupèrent deux mille ouvriers et livrèrent à la consommation d'excellents produits.

Cette situation dura jusqu'en 1810. Un décret du 29 décembre de cette même année attribua à la régie des droits réunis et exclusivement l'achat des tabacs en feuilles, la fabrication et la vente des tabacs fabriqués.

Un autre décret du 12 janvier 1811, régla tout ce qui concernait la direction et la surveillance des achats, la fabrication et la vente.

Enfin, un autre décret désigna les villes dans lesquelles furent établies les manufactures. Ces villes furent : Paris, Lyon, Morlaix, Bordeaux, Tonneins, Toulouse, Strasbourg, Bruxelles, Lille, le Havre, Cologne, Nancy, Marseille. On conserva Tonneins. Tonneins, soutenu par sa seule réputation, obtint ainsi pour la seconde fois la justice qui lui était due ; mais placé entre Bordeaux et Toulouse, sa manufacture n'avait pour se défendre contre ses deux puissantes rivales que la supériorité de sa fabrication, arme qui fut bientôt brisée dans ses mains par la mesure qui soumit tous les tabacs de France à une fabrication et à un goût uniformes, qui n'étaient ni l'ancienne fabrication, ni l'ancien goût du tabac de Tonneins, et par l'interdiction d'attacher son nom à ses vignettes.

Chacune des manufactures créées en 1811 avait sa circonscription. La circonscription de la manufacture de Tonneins comprenait treize départements. En 1812 la manufacture de Tonneins occupait mille soixante ouvriers et fabriqua 800 mille kilogrammes, et depuis sa fabrication alla décroissant, la raison en est qu'au lieu d'encourager les progrès de la fabrication du tabac à Tonneins, au lieu de faire de sa manufacture la manufacture modèle, on a réduit de moitié la circonscription qui lui fut donnée en 1811, on ne lui permit pas de donner son nom à ses vignettes, on ne lui permit pas de fabriquer selon les procédés qui ont fait sa renommée... »

Il fut question de supprimer la manufacture de Tonneins. Mille ouvriers environ furent congédiés et plongés dans la misère. Mais nous l'avons dit déjà, grâce à l'intervention de M. Martignac, touché par les démarches de MM. Lagarde et Arbanère, elle fut maintenue.

La poste. — Littérateurs, Médecins célèbres. XIXe siècle

En 1831, M. d'Arbanère résigna ses fonctions de maire. Débarrassé de toute occupation administrative, il s'adonna tout entier à la littérature. Il publia des travaux historiques et littéraires fort remarquables et, lorsqu'il mourut à Tonneins, en 1858, il était membre correspondant de l'Institut et membre de la Société Science, Lettres et Arts d'Agen.

Sous son administration le relai de la Poste, ayant à sa tête M. Baqué, était situé au Biscarret en face la maison de Mgr Lanusse, plus tard, aumonier de St-Cyr. C'est M. Baqué qui eut l'honneur de conduire la poste où étaient le duc et la duchesse d'Angoulême lors de leur passage à Tonneins.

Vers le même temps vivait à Tonneins le docteur Jules Arthaud, médecin de l'Hôtel-Dieu de Bordeaux et président de la Société de médecine de cette ville. Le docteur Arthaud était un esprit distingué dont les productions obtinrent un succès mérité. C'est à Bordeaux qu'il fonda un charmant recueil littéraire qui eut une très grande vogue : « *La Revue de la Gironde* ». Il mourut à Tonneins en 1859.

Bareyre Marie Eusèbe Etienne, né à Tonneins en 1791, mort à Agen en 1845. Brillant élève de l'école d'Alfort, il devint vétérinaire du département de Lot-et-Garonne. Il fonda la Société de médecine vétérinaire de ce département et écrivit de nombreux ouvrages sur la statistique des animaux domestiques et de l'espèce bovine. Il publia tous ses ouvrages.

Un médecin, qui jouit d'une certaine renommée, mais qui quitta Tonneins pour Aiguillon où il mourut en 1871, c'est M. Conté Jules né à Tonneins en 1815. Il devint médecin de la prison et de l'Hospice d'Aiguillon où il publia le traitement des ulcères des jambes.

Lacroix Barthélémy, né à Tonneins en 1791. Vétérinaire, il fut répétiteur en chef à l'école royale de Lyon. Il écrivit plusieurs ouvrages thérapeutiques sur la vétérinaire.

Florimond Lagarde, né à Tonneins en 1784, fut juge de paix en cette ville. C'est à lui que l'on doit la première monographie sur Tonneins : *Recherches historiques*. Son fils, Alphonse Lagarde, juge de paix de notre ville également, compléta cette monographie ; il publia aussi une étude sur la législation des *Hébreux* et un ouvrage sur les églises réformées. Ce dernier ouvrage n'est peut-être pas exempt de partialité.

A Sarrau, près Tonneins, naquit en 1801 Jacques Réau qui devait acquérir un jour une certaine célébrité dans les lettres. Littérateur distingué, Réau fut professeur de littérature au collège de Péronne, puis professeur libre à Tonneins où il mourut en 1871. Il laissa un traité sur l'élocution.

Tronche Louis, fils du premier imprimeur de Tonneins, naquit dans notre ville en 1816. Il fut poète et auteur dramatique. Ex-sous chef de bureau au ministère de la guerre, membre de la Société des auteurs dramatiques, il fit représenter plusieurs pièces sur le théâtre des Variétés à Paris et en publia d'autres. Il prit ensuite la direction de la *Revue de Libourne* dont son père était gérant. *(Nous empruntons ces biographies à la* Bibliographie de l'Agenais).

Si Costebadie avait pleuré sur l'incendie de Tonneins en 1622, en revanche le tabac de Tonneins fut chanté par Pradel, poète plein de verve et d'esprit.

Ecoles. — Monuments. — Travaux

Dans les premières années du XIXe siècle une école secondaire vit le jour dans l'établissement qui sert aujourd'hui d'Hospice. Il en sortit des magistrats, des avocats et des médecins. Les Frères de la Doctrine chrétienne vinrent aussi s'établir à Tonneins vers la même époque.

Il est à peu près vraisemblable que le vieux temple était une annexe de l'hospice qui a dû être un couvent de pères Bénédictins. Bien qu'aucun document n'en fasse mention, on pourrait le supposer par la lettre B qui se voit sur le frontal de certaines portes intérieures.

Sous la haute et intelligente administration de M. G. de Labruyère, maire et conseiller général de Tonneins, la ville fait l'acquisition dans de très bonnes conditions d'une maison appartenant à la famille de Luppé. Cette belle et spacieuse maison, appelée le Château, est devenue l'Hôtel de Ville de Tonneins. Un vaste et superbe jardin public ombrage de ses magnifiques sapinettes et de ses hauts marronniers cette maison commune. Des promenades publiques furent établies dans ce jardin.

Lors des débordements de la Garonne Tonneins-Dessus avait à souffrir de la violenlence des courants du fleuve. Des parties de terrain étaient emportées chaque fois que la Garonne augmentait. La plupart des tombes du cimetière de Saint-Pierre, situé autrefois sur le bord de l'eau, avaient été englouties par les flots, et l'église même avait été plusieurs fois menacée de subir le même sort. On avait déjà établi un cimetière nouveau sur l'emplacement où l'administration Labruyère décida d'élever l'église qui existe actuellement à Tonneins-Dessus et qui date de 1840.

Il y avait donc urgence d'entreprendre des travaux de défense contre les débordements de la Garonne afin de préserver la ville des corrosions du fleuve. Cependant la municipalité d'alors hésita longtemps avant de s'imposer des sacrifices à ce sujet. Enfin, elle comprit que la situation actuelle ne pouvait se prolonger davantage et que des améliorations étaient nécessaires. Elle s'imposa et entreprit les travaux pour protéger Tonneins-Dessus.

Le Préfet de Lot-et-Garonne, M. Fiart, qui était un homme de résolution et de clairvoyance, fit faire un quai en pierres. Ce quai qui défendait dorénavant la ville contre les atteintes du fleuve porta longtemps le nom de quai Fiart en souvenir de ce Préfet. (*Archives.* — Lagarde).

Révolution de 1848

La révolution de 1848 n'eût pas une grande influence à Tonneins. Une légère agitation se produisit dans la ville, mais sans grande importance. Des citoyens s'emparèrent de la Mairie, néanmoins tout resta dans un ordre relatif. La garde nationale commandée par des hommes pondérés et sérieux n'eut guère à intervenir dans ce mouvement révolutionnaire. M. Edmond de Lajaunie ayant douze hommes sous ses ordres, commandait le poste avancé de La Tuque, situé un peu en avant du château de Lajaunie. Il surveillait les mouvements qui se produisaient du côté de Clairac, d'Unet et autres endroits d'alentour, afin de prévenir au besoin leur jonction avec Tonneins. Mais tout resta calme.

C'est vers cette époque que M. Couach, né à Marmande, devint maire de Tonneins jusqu'en 1858. Il était banquier dans cette ville, lorsque la révolution de 1848 le porta à la mairie. Son administration fut assez libérale et M. Couach ne laissa que de très bons souvenirs dans l'esprit de la population tonneinquaise. Il a publié de nombreux ouvrages : *Les Révolutions à Tonneins*, *La République de* 1848. *Le coup d'Etat du* 2 *décembre* 1851. *L'empire*. *La République de* 1870.

Les élections de 1848 virent plusieurs compétiteurs à la députation, parmi lesquels se trouvaient notamment Victor Jardinet, avocat, et Paul Vergnes, né à Tonneins et fils d'un ancien Préfet du premier empire. Paul Vergnes fut élu député à la Constituante de 1848, mais son mandat ne fut pas renouvelé en 1849. Il fut aussi maire de Marmande pendant un certain temps.

Le coup d'Etat
Passage de Napoléon III

Le coup d'Etat de 1851 eut quelque retentissement à Tonneins. Beaucoup de citoyens furent incarcérés pour leurs opinions politiques et jugés suspects à la cause du prince Louis Bonaparte qui ne tarda pas à devenir empereur sous le nom de Napoléon III. Parmi les citoyens arrêtés et emprisonnés certains furent envoyés à Lambessa et ne revirent la mère-patrie que plus tard, à la suite d'une amnistie.

Dans son voyage dans le midi de la France, Napoléon III, arrivant par bateau à vapeur, s'arrêta à Tonneins. Un nommé Guillard, qui était un chaud partisan de l'empire et qui fondait de grandes espérances intéressées, porta un aigle à l'empereur espérant attirer sur lui l'attention du souverain. Mais il fut déçu dans ses espérances. L'empereur le remercia tout simplement. On veut bien se servir de tels individus, mais, au fond, on les méprise.

A cette époque vivait le poète Patissié. Bien que résidant à Grateloup, Patissié appartenait un peu à Tonneins par le mariage de sa fille avec M. Larrieu. Frappé de cécité jeune encore, il prit sa fille comme secrétaire. Il fut opéré de la cataracte par M. Menon, docteur. Revenu à la lumière, Patissié composa un poème « La Cécité » où il remerciait le ciel de lui avoir rendu la vue.

L'administration Desclaux

M. le docteur Théodore Desclaux administra la ville de Tonneins durant de longues années. Jouissant de l'estime de tous, il fut nommé par les habitants le *médecin des pauvres* pour les soins qu'il donnait gratuitement à la population ouvrière de Tonneins, titre dont il s'honorait. Sous son administration eut lieu une grève des cordiers qui demandaient une augmentation de salaire. Ceux-ci ayant obtenu satisfaction, le travail reprit aussitôt.

La manufacture fut menacée une fois de plus. Tout Tonneins sait les nombreuses démarches que M. Desclaux fit, toutes les difficultés qu'il rencontra avant d'obtenir le maintient de cet établissement. Enfin, il vit ses démarches couronnées de succès. Non seulement la manufacture fut maintenue, mais la construction d'une nouvelle manufacture plus grande, plus belle et surtout plus aérée fut décidée. Aujourd'hui elle s'élève près de la gare. Le cardinal Donnet, archevêque de Bordeaux, vint bénir la première pierre de cet établissement qui fut inauguré après 1870. Pendant la guerre 1870-1871, il servit d'atelier d'armes.

C'est sous l'administration Desclaux que l'on posa la madone sur le cours Rozan, que le Casino, destiné à être le café Laperche, s'écroula ensevelissant sous ses décombres plusieurs ouvriers travaillant à sa construction qui touchait à sa fin.

L'hiver de 1870-1871. — L'épidémie

Enfin la guerre éclata, et l'hiver de 1870-1871 fut un hiver excessif, presque aussi rigoureux que l'hiver de 1830 qui gela la Garonne. Une garde nationale fut créée ayant à sa tête le commandant de Garaube. L'année fut marquée par le passage de troupes se rendant à la frontière et par les manœuvres des mobilisés qui faisaient l'exercice dans le Jardin-Public.

Une épidémie de variole sévit à cette époque à Tonneins, décimant tous les jours un grand nombre d'habitants. Malgré tout le dévouement de MM. Desclaux et Crèbessac, son gendre, et d'autres médecins qui se dépensaient sans compter pour enrayer les ravages du terrible fléau et sauver de la mort les victimes du mal, jeunes pour la plupart, on ne voyait que des convois funèbres sur la route du cimetière nouveau qui avait été inauguré en 1869.

A cette époque, de belles et magnifiques processions se déroulaient dans les rues de Tonneins pour la Fête-Dieu. De longues théories de jeunes filles habillées de blanc et de jeunes enfants gracieusement vêtus soulevaient l'admiration des habitants et lançaient vers le ciel de pieux cantiques qui se mêlaient aux parfums de l'encens et des fleurs jonchant les rues.

La municipalité Maupas, sur l'instigation de quelques farouches sectaires, s'appuyant sur le fait que Tonneins possédait un Consistoire protestant, supprima ces processions pour sauvegarder soi-disant la liberté de conscience.

Au point de vue commercial seul, cette mesure eut des effets désastreux pour le commerce de Tonneins. Une source de revenus fut tarie pour les commerçants. En effet, le jour de ces processions une foule d'étrangers se rendait dans cette ville et d'un autre côté, les tailleuses, les lisseuses, les coiffeurs et les cordonniers, modistes, etc. étaient occupés pendant des semaines à préparer les objets de toilette en vue de ce jour-là.

Améliorations dans la ville

A la proclamation de la République, après le désastre de Sedan, M. Pomarède devint maire de Tonneins. Sous son administration de grands travaux furent entrepris en vue d'améliorer la ville. D'abord le gaz fut établi à Tonneins remplaçant pour l'éclairage des rues les vieux falots à pétrole ou à schiste.

Les fossés de la Gardolle furent comblés et les haies coupées ; de coquets boulevards plantés d'arbres s'élevèrent à la place.

La côte du pont suspendu fut transformée et la pente adoucie afin que les nombreux accidents qui se produisaient tous les jours fussent supprimés. Maintenant les chars et les voitures peuvent monter et descendre la côte sans danger.

Sur le quai on construisit un mur de soutènement pour préserver des corrosions du fleuve le talus des rochers où repose Tonneins. Il s'en allait temps.

Le débordement de 1875, plus fort encore que celui de 1855, ayant eu lieu en juin alors que les blés sont hauts, aurait peut-être emporté une grande partie de la ville, surtout du côté de Saint-Pierre. M. Desclaux, revenu maire sous le gouvernement dit de l' « Ordre Moral », porta des secours aux sinistrés.

Au début de la République M. Bresson, pasteur, joua un rôle très actif contre les adversaires de ce régime et dans la politique municipale.

Tonneins maintenant présente une petite cité agréable, charmante et coquette. Malheureusement les corderies qui étaient si nombreuses et qui occupaient des centaines d'ouvriers, hommes, femmes et enfants, ont disparu ainsi que les grandes plantations de chanvres qui les alimentaient.

Dans ce temps là le travail de la prune, chez les négociants, durait six ou sept mois et les ouvriers étaient assurés d'avoir du travail pendant tout l'hiver. Des tonneliers fabriquaient des petits barils pour la prune, certains des caisses pour la même denrée. Tous ces ouvriers ont été depuis obligés d'entreprendre d'autres métiers pour subvenir aux besoins de l'existence.

Littérateurs tonneinquais

Quelques écrivains vivaient à cette époque et laissaient des ouvrages aux générations à venir.

Bertrand Gabriel, poète et journaliste, né à Tonneins en 1861, débuta à Marmande et fut de 1880 à 1884 secrétaire de rédaction au *Journal de Lot-et-Garonne.* Il publia des poésies parfois très heureuses dans le Troubadour. Son frère Etienne Bertrand, né dans la même ville en 1864, fut en 1884 rédacteur actif à l'*Echo de Marmande* et publia des sonnets, des stances signés Breton. Les deux frères avaient pris le même pseudonyme de Breton.

Bonsse J. de Tonneins, pseudonyme d'un poéte de cette ville dont on n'a jamais pu découvrir le véritable nom. Ce poète d'ailleurs a eu parfaitement raison de rester dans l'ombre, car sa « Boutade Carnavalesque en deux langues » est une brochure très peu compréhensible et très peu littéraire.

Jean Ducourneau, né à Agen en 1815, mais habitant la Coustère, près Tonneins, a publié des ouvrages fort remarquables. Une mésaventure qui lui arriva dans un discours de circonstance qu'il était chargé de prononcer le disqualifia aux yeux des gens de lettres. Il avait englobé dans son discours un démarquage qui lui fut toujours reproché.

Mme Fitte, née à Tonneins en 1836, fut une poétesse gracieuse et distinguée. Elle publia des poésies facilement et agréablement écrites : *L'égoïsme, La fleur et le ruisseau, Regrets à un berceau.*

Labrouillère Jean, né à Gontaud en 1831, fut un poète charmant. Grand maître à la manufacture des tabacs, il a composé des poésies très agréables, telle le *Retour au foyer paternel*, élégie.

M. Marcel Prévost
Son premier roman

Nous devons parler ici d'un écrivain de premier ordre, puisqu'il est académicien, M. Marcel Prévot. Ingénieur à la manufacture des tabacs de Tonneins, il écrivit son premier roman dans notre ville : *Mademoi-*

selle Jauffre. Tonneins est donc le berceau littéraire de M. Marcel Prévost, membre de l'Académie Française. Quelques années plus tôt la science perdit un jeune savant, M. Veyries Alphonse, archéologue, né à Tonneins en 1858, mort à Smyrne en 1882 à l'aurore d'un brillant avenir. Il a publié les figures criophores dans l'art grec, l'art romain et l'art français.

L'administration Maupas, maire de Tonneins vers 1880 à 1882, n'a laissé d'autres impressions que d'avoir supprimé les processions. Rien de bien saillant n'est sorti de sa municipalité que quelques lueurs de haine peut-être contre des adversaires en politique.

M. Grillhé devenu maire, de Tonneins, fut aux prises avec de grandes difficultés. La construction de l'abattoir fut l'écueil de son administration. L'entrepreneur intenta un procès à la ville et celle-ci perdit. Il fallut payer un gros morceau.

M. Grillhé était un homme bon et honnête, assez abordable, mais le talent lui manquait peut-être pour l'administration d'une ville comme Tonneins où les chapitres du budget sont assez chargés. De plus son entourage laissait fort à désirer au point de vue de l'économie communale. Son conseil municipal également était quelconque, c'est-à-dire nul. On sait que le parti républicain était divisé et que les électeurs pour jouer un tour aux deux têtes des listes en présence nommèrent les deux queues de ces listes. Beaucoup de conseillers savaient à peine lire. Il n'est donc pas surprenant que des gaspillages eussent lieu.

La politique opportuniste

Avec l'administration Galup qui vint après, ce n'est pas le talent qui manquait, mais la négligence des affaires communales, et peut-être un peu de paresse, l'emportèrent sur la bonne volonté. La politique opportuniste battit son plein pendant cette administration. On ne semblait se réveiller d'une léthargie de quatre années qu'au moment des élections. Alors les promesses pleuvaient drues.

Et cependant, c'est une des plus longues administrations que Tonneins ait connue. Elle dura trente-deux ans environ.

A son début eut lieu le rachat du pont suspendu qui avait été construit en 1810. Depuis le pont est libre, on ne paie plus pour le passer .

Sur la fin de cette administration, la grande

et terrible guerre de 1914-1919 éclata, et la municipalité Galup, maire, conseiller général et sénateur de Lot-et-Garonne, touchait à son déclin.

Fête de la reconnaissance et du souvenir

La fête de la Reconnaissance et du souvenir eut lieu avant la disparition de la municipalité Galup. Le 6 septembre 1919 une veillée funèbre réunit au pied d'un cénotaphe une foule recueillie. Un triptyque fut dit par M. Fromont, poète à Tonneins. Le lendemain 7 septembre un discours fut prononcé par le pasteur Brunel et Mme Laffargue dit une poésie aux morts. Au cimetière M. l'abbé Savagnac curé de N.-Dame prononça un discours émouvant. L'après-midi à la pose de la première pierre du monument aux morts, M. Galup prononça un discours et des poésies furent dites.

Chute de M. Galup 1919

Aux élections de 1919, M. Galup fut battu dans tous ses mandats et renvoyé à la vie privée. Le conseil sorti de ces élections se compose presque par moitié de républicains et de socialistes, ayant à sa tête M. Bresson comme maire, Dubourg, chef de l'opposition socialiste, est conseiller général de Tonneins.

Tribut à la guerre

Tonneins a payé un large tribut à la grande guerre. La maquette qui va orner le Monument aux morts l'atteste. Elle porte les noms de deux cent quatre enfants de la commune de Tonneins.

Travaux et réformes

Depuis sa nomination ; l'administration Bresson cherche à apporter des améliorations dans la ville. Les rues sont plus propres, mieux entretenues. L'Hôpital a reçu quelques réparations. Espérons qu'elle continuera de s'intéresser à la beauté de notre charmante petite cité.

Tonneins possède cinq magnifiques écoles dont une égale un beau lycée de grande ville et deux écoles maternelles.

Mgr Lanusse

Nous devons un hommage respectueux à notre compatriote Mgr Lanusse, qui fut aumônier de St-Cyr.

Lanusse Jean, né à Tonneins en 1818, curé de Monheurt en 1852 ; il se rendit cher à ses paroissiens par une rare bonté de cœur et une inépuisable charité. En 1865 emporté par une vocation irrésistible il suivit nos armées au Mexique sans se pourvoir d'une autorisation régulière et son évêque à son retour le relégua dans la petite paroisse de Béquier.

De nouveau aumônier militaire pendant la guerre de 1870, il se trouva à Sedan et partagea le sort des prisonniers. Nommé évêque *in partibus*, Mgr Lanusse vit sur la fin de sa carrière sa ville natale célébrer ses noces de diamant en 1902. Tonneins lui fit de magnifiques funérailles.

Mgr Lanusse a publié : *Les héros de Camaron*, souvenir de la guerre du Mexique, et a laissé un grand nombre de manuscrits tous illustrés à profusion par l'auteur et richement enluminés. (Bibliographie de l'Agenais.)

Poètes et artistes contemporains

Bien que ce ne soit pas à nous à apprécier nos poètes ou artistes, nos contemporains, ne voulant pas anticiper sur le jugement de l'avenir, nous croyons, néanmoins, devoir citer leurs noms.

Parmi les poètes et artistes contemporains de Tonneins, nous citerons Mme Lafargue, poétesse gracieuse et naturelle, MM. Emile Boule, qui a publié quelques pièces charmantes dans son ouvrage, la *Tzigane*, volume de poésie, *Mirliton* pacha en Gascogne, volume de contes et nouvelles, en manuscrit, une idylle à Tonneins. Fromont, Lavergne Gaston, poète fécond, dont le vers est facile et plein de fraîcheur. M. le pasteur Messines, aumônier à l'Ecole militaire de Saint-Cyr, poète et félibre distingué. M. Valantin, qui s'est révélé poète au *Jasmin d'Argent* d'Agen. MM. Dalliés Jean, Ephraim Laffargue et Labarthe, Mothes et Boule, artistes peintres de grand talent et qui seraient très appréciés s'ils vivaient dans une ville plus importante que Tonneins.

Aujourd'hui tous les antiques vestiges du passé ont disparu de nos murs, vieilles et sales maisons, quartiers délabrés. De coquettes et agréables maisons s'élèvent sur tous les points de la ville, les quartiers ont pris un aspect nouveau. L'hygiène a remplacé la malpropreté. La ville est dotée du gaz, de l'électricité, du télégraphe, du téléphone et de cinémas. Des chemins, des routes, des chemins de fer, des tramways, des autobus sillonnent toute la contrée et rendent de grands services à la population. La Garonne, le canal latéral, facilitent le trafic des marchandises. La société des tramways départementaux construit un pont nouveau qui sera une merveille de nouveauté et y occupe un grand nombre d'ouvriers. La manufacture s'agrandit par un pavillon annexe.

Tonneins possède une harmonie et un orphéon. Plusieurs chefs de musique donnent des leçons. Kopff, Mallet, Clotte, et beaucoup d'habitants se délassent le soir en écoutant chanter leurs phonographes ou gramophones.

Veuille le ciel que l'union sacrée se maintienne et que les partis politiques fassent taire leur esprit de secte pour le bien et la prospérité de notre cher et agréable Tonneins.

FIN

TABLE DES MATIÈRES

TABLE DES MATIÈRES

HISTOIRE DE TONNEINS

www.ingramcontent.com/pod-product-compliance
Ingram Content Group UK Ltd.
Pitfield, Milton Keynes, MK11 3LW, UK
UKHW022020170726
13837UKWH00001B/301